Na Ubook você tem acesso a este e outros milhares de títulos para ler e ouvir. Ilimitados!

## Audiobooks Podcasts Músicas Ebooks Notícias Revistas Séries & Docs

Junto com este livro, você ganhou **30 dias grátis** para experimentar a maior plataforma de audiotainment da América Latina.

Use o QR Code

OU

1. Acesse **ubook.com** e clique em Planos no menu superior.
2. Insira o código **GOUBOOK** no campo Voucher Promocional.
3. Conclua sua assinatura.

ubookapp

ubookapp

ubookapp

Paixão por contar histórias

# John Caunt

# COMO SE ORGANIZAR

### Assuma o controle, economize tempo e seja mais eficiente

TRADUÇÃO
UBK Publishing House

© 2000, 2019, John Caunt
Copyright da tradução © 2020, Ubook Editora S.A.

Publicado mediante acordo com Kogan Page Limited. Edição original do livro *How to Organize Yourself: Simple ways to take control, save time and work more efficiently*, publicada por Kogan Page Limited.

Todos os direitos reservados. Nenhuma parte deste livro pode ser utilizada ou reproduzida sob quaisquer meios existentes sem autorização por escrito dos editores.

| | |
|---:|:---|
| COPIDESQUE | Mariá Moritz |
| REVISÃO | Jana Bianchi \| Iana Araújo |
| PROJETO GRÁFICO | Guilherme Peres |
| CAPA | Bruno Santos |
| IMAGEM DE CAPA | eightonesix / Freepik |

Dados Internacionais de Catalogação na Publicação (CIP)
(Câmara Brasileira do Livro, SP, Brasil)

---

Caunt, John
　　Como se organizar : assuma o controle, economize tempo e seja mais eficiente / John Caunt ; tradução UBK Publishing House. – Rio de Janeiro : Ubook Editora, 2020.

　　Título original: How to organize yourself.
　　ISBN 978-85-9556-208-0

　　1. Administração do tempo 2. Empreendedorismo 3. Gerenciamento de informações pessoais 4. Inteligência empresarial 5. Tempo - Administração I. Título.

20-32610　　　　　　　　　　　　　　　　CDD-158.1

---

Índices para catálogo sistemático:
1. Gerenciamento do tempo : Psicologia aplicada 158.1

Iolanda Rodrigues Biode - Bibliotecaria - CRB-8/10014

**Ubook Editora S.A**
Av. das Américas, 500, Bloco 12, Salas 303/304,
Barra da Tijuca, Rio de Janeiro/RJ.
Cep.: 22.640-100
Tel.: (21) 3570-8150

# Sumário

**Introdução** 7

**1 Saiba para onde você vai** 11
Razões para a desorganização 12
Atitudes em relação à organização 13
Definindo objetivos 17
Equilibrando os diferentes elementos da sua vida 21

**2 Organize o seu tempo** 27
Como você usa seu tempo agora 27
Planejando suas atividades 31
Acompanhando suas atividades 36
Agendando o seu tempo — estimativa das exigências de tempo 41
Procrastinando 43
Cumprindo prazos 52

**3 Compreenda a forma como você trabalha** 57
Programe tarefas em momentos apropriados 57
Mantenha a concentração e a motivação 61
Mobilize o poder do hábito 63
Organize sua tomada de decisão 68

**4 Organize informações** 75
Identifique as informações importantes 76
Adote uma abordagem sistemática 77
Evite a sobrecarga 80
Leia com mais eficiência 83
Gerencie sua memória 88

**5 Organize a forma como você trabalha com os outros** *93*
Uma estratégia para as reuniões *93*
Delegue *101*
Supere distrações e interrupções *104*
Aprenda a dizer "não" *113*

**6 Organize o seu espaço** *117*
Organize o seu espaço de trabalho *119*
Elimine pilhas de papel *123*
Organize sua casa *126*

**7 Organize sistemas de arquivamento** *129*
Organizando arquivos de computador *129*
Arquivando documentos em papel manualmente *132*
Digitalizando documentos em papel *137*

**8 Utilize a tecnologia de forma eficaz** *141*
Saiba quando não usar a tecnologia *141*
Opções de software *142*
Ferramentas úteis *144*
Entrada rápida de dados *150*
Organize pesquisas na internet *153*

**9 Organize-se dentro e fora de casa** *159*
Trabalhando em casa *159*
Organizando-se longe do escritório *166*

**10 Continue o bom trabalho** *171*
Reveja seus objetivos *171*
Encontre formas de se manter no caminho certo *173*
E se os velhos hábitos voltarem? *174*

# Introdução

Jamais sentimos uma necessidade tão grande de nos organizarmos. O ambiente de trabalho é caracterizado por uma pressão cada vez maior para entregar mais resultados com menos recursos. Em um cenário de reestruturação e redução de custos, espera-se que mantenhamos um maior número de bolas no ar e que o façamos com menos apoio. Essa situação exige profissionais autossuficientes e responsáveis por todos os aspectos da sua organização no local de trabalho. A era da informação nos fornece algumas ferramentas necessárias para organizar nossas vidas profissionais, mas também nos apresenta novos desafios na forma de maiores volumes de informação, conectividade constante, expectativas de imediatismo e interrupções de rotina. Fora da vida profissional, temos grandes expectativas em relação ao nosso tempo livre, e esperamos poder cumprir as obrigações familiares enquanto nós e os nossos parceiros ocupamos postos de trabalho exigentes. Fazemos malabarismos com os diferentes elementos das nossas vidas para encaixar viagens e excursões, compromissos, entretenimento, limpeza da casa, cuidado com a saúde, desenvolvimento pessoal, responsabilidades voluntárias, atividades familiares e tempo com os amigos.

Para lidar com tudo isso, precisamos ser organizados. Temos de lidar com o tempo, a informação, as pessoas e a tecnologia da forma mais eficiente e eficaz possível, a fim de obtermos os resultados com base nos quais seremos julgados. Ser organizado(a) significa:

- gastar menos tempo apagando incêndios e resolvendo crises;
- focar nas coisas que mais geram resultados;
- conseguir resolver problemas e desafios complexos;
- dedicar mais tempo para a família, os amigos e o lazer;

- reduzir o estresse e a fadiga;
- sentir-se mais realizado(a);
- orgulhar-se de um trabalho bem feito.

Ainda que os benefícios de uma maior organização sejam claros, arranjamos desculpas para justificar por que não conseguimos adquiri-los:

**Desculpa 1** — *"A capacidade de ser organizado(a) é algo inato. É uma qualidade que alguém possui ou não, e eu não a tenho."*

É verdade que a propensão natural para organização varia de pessoa para pessoa, mas não é verdade que não haja nada que possamos fazer para superar essa inclinação. Desde a década de 1960, existe uma tendência dentro da psicologia popular de associar certos traços de um papel dominante com um dos dois hemisférios cerebrais — o esquerdo seria superior para o funcionamento analítico, enquanto o direito o seria para tarefas mais criativas. Questionários, inventários e perfis de personalidade reforçaram a noção de que atributos fazem parte da forma como estamos conectados, e que a dominância lado-esquerdo-do-cérebro ou lado-direito-do-cérebro são características determinantes fixas do comportamento. Mas pesquisas recentes sugerem que essa categorização rígida é errônea, e revelam que todas as partes do cérebro estão envolvidas em atividades que foram anteriormente atribuídas a um ou outro hemisfério. É verdade que você pode não ter uma inclinação natural para ser organizado(a) e metódico(a), mas isso só mostra que você tem de trabalhar um pouco mais para adquirir as habilidades necessárias. Caso você esteja se perguntando, vou admitir que tenho que trabalhar duro para ser organizado.

**Desculpa 2** — *"Não há como ser organizado(a) neste lugar. Há as interrupções constantes, as crises, os colegas desorganizados."*

Sim, há muitos locais de trabalho onde é difícil ser organizado, mas isso não é razão para desistir. Nos capítulos que se seguem, vamos ver como você pode assumir o controle de seu trabalho para reduzir interrupções e distrações, e vamos considerar como um bom planejamento e uma delegação eficaz podem ajudar a evitar crises e minimizar a dependência de colegas.

**Desculpa 3** — *"Eu gostaria de ser mais organizado, mas estou ocupado(a) demais para gastar tempo com isso. Talvez daqui a uns meses."*

No clima atual de trabalho, a pessoa que adia a ação na esperança de ter mais tempo daqui a um, dois ou seis meses está destinada a ficar para sempre desapontada. E o que significa, afinal, "estar ocupado(a) demais"? É possível passar seus dias de trabalho correndo de um lado para o outro e alcançando pouco — você pode estar ocupado(a), mas não é eficaz. Atividade direcionada é o que traz resultados, e uma organização aperfeiçoada é, em grande parte, direcionada à sua atividade.

Para muitos de nós, querer se organizar tem muito em comum com os demais objetivos de vida, como ficar em forma ou perder peso. Acreditamos que será bom e que nossas vidas serão mais completas e satisfatórias se conseguirmos realizá-los, mas nunca parecemos conseguir alcançá-los no grau ou com a consistência que buscamos. Da mesma forma que embarcamos em sucessivas dietas e em programas *fitness*, também nos lançamos em extravagâncias organizacionais que podem dar frutos por um tempo antes de mergulharmos de volta em nossos antigos costumes deprimentes e caóticos. Nós nos apegamos a algum novo regime ou corremos para adquirir o equipamento ou *software* que acreditamos que resolverá nossos problemas organizacionais. E talvez, durante algum tempo, isso funcione. Mas depois perdemos o foco, os velhos hábitos reaparecem, os sistemas que criamos falham e a procrastinação passa a ser a regra.

Não tem de ser assim. Todos podem se tornar mais organizados — e não apenas por um ou três meses, mas permanentemente. No entanto, não há solução instantânea; a mudança sustentável requer mais do que um novo dispositivo ou algumas dicas rápidas. Requer atenção às suas atitudes e expectativas atuais, um grau de perseverança na construção de novas rotinas e prontidão para juntar todas as peças — tempo, informação, pessoas e tecnologia — de forma a produzir um pacote de ações que funcione para você.

Então, se você já tentou melhorar sua organização e não funcionou, não se desespere. Você tem essa capacidade, e espero que este livro lhe forneça muitas das estratégias necessárias para chegar lá. Não aplique tudo o que eu sugiro: esteja preparado(a) para se adaptar e experimentar o que está escrito aqui, e construa um sistema que não seja meu, mas seu.

Embora a maioria dos exemplos usados neste livro sejam relacionados a trabalho, os princípios e as estratégias sugeridos são igualmente aplicáveis àqueles que buscam uma melhor organização em sua casa, em seu lazer ou em uma atividade voluntária. Do ponto de vista do trabalho, também não se deve partir do princípio de que existe um único público-alvo em termos de grupos profissionais ou senioridade. As pressões do emprego moderno são bastante universais, e os passos para melhorar sua organização pessoal são as mesmas, seja qual for sua ocupação. Haverá diferenças, naturalmente, no volume e na natureza das informações das quais é necessário tratar, na quantidade de apoio a que se pode recorrer e no número de colegas, clientes e contatos com que você tem de se relacionar. Não importa. Se você tem um cargo júnior, é um(a) profissional estabelecido(a) ou um(a) trabalhador(a) domiciliar autônomo(a), há algo aqui para você.

Nas seções que tratam de aspectos da tecnologia, assume-se que a maioria dos leitores tem alguma familiaridade com computadores e outros dispositivos digitais, mas que seu conhecimento pode ser parcial. A rapidez dos avanços tecnológicos e a proliferação de dispositivos e aplicativos eletrônicos tornam impossível uma cobertura detalhada e atualizada das opções disponíveis em um livro curto como este. No entanto, usei como exemplo alguns dos aplicativos mais populares ou renomados no momento da escrita.

# 1
# Saiba para onde você vai

Este livro contém informações sobre um conjunto de técnicas, tecnologias e dicas para ajudar na sua organização pessoal. Contudo, ninguém conseguirá completar essa receita sem os principais ingredientes: você e sua abordagem para se tornar mais organizado. O primeiro passo é dado não na caixa de entrada, nos arquivos pessoais ou no computador, mas na mente. Se você está assumindo o controle da própria vida e começando a fazer a diferença, aborde suas fraquezas organizacionais e seus pontos fortes, as razões para sua atual confusão e que atitudes adotará para mudar essa realidade. Você também deve ter certeza de para onde está indo e como espera chegar lá.

Todos temos pontos fortes e fracos no que diz respeito à organização, então, antes de avançarmos, pare um pouco e se pergunte onde você falha. Qual das seguintes afirmações se aplica a você?

- "Falta uma orientação geral para meu trabalho."
- "Tenho dificuldade em extrair prioridades da massa de tarefas e questões que chegam."
- "Os dias parecem passar muito rápido e poucas coisas são feitas."
- "Não planejo adequadamente o meu tempo."
- "O dia termina com mais itens na lista de 'para resolver' do que começa."
- "Acho difícil estimar quanto tempo algumas tarefas vão demorar."
- "Os prazos sempre chegam de repente."
- "Não tenho certeza de que faço bom proveito dos momentos em que meu nível de energia está mais alto."

- "Começo tarefas rotineiras a toda hora, não raro interrompendo trabalhos mais importantes."
- "Tenho tendência a adiar as tarefas que não gosto."
- "Tarefas triviais ganham mais importância do que deveriam."
- "Gostaria de ser mais sistemático(a) na hora de tomar decisões."
- "Passo muito tempo lidando com e-mails."
- Não é sempre que eu lido com mensagens e documentos assim que os vejo."
- "Sou constantemente incapaz de decidir o que fazer com as informações que recebo."
- "Gostaria de assimilar o conteúdo de documentos com mais rapidez".
- "Esqueço muito do que leio."
- "Me pego participando de muitas reuniões improdutivas."
- "Não acho que delego o suficiente."
- "Colegas me bombardeiam com informações das quais não preciso".
- "Sofro muitas interrupções."
- "Constantemente aceito tarefas que eu deveria negar."
- "A disposição do espaço em que trabalho não favorece a organização."
- "Há pilhas de papéis no meu escritório, minha mesa está lotada de coisas e meus arquivos estão desorganizados."
- "Perco muito tempo procurando coisas."
- "Estou preocupado(a) em não estar utilizando a tecnologia de forma adequada para organizar o trabalho."
- "Não uso a internet com tanta eficácia quanto deveria."
- "Minha organização pessoal piora quando estou trabalhando de casa ou fora do escritório."

## Razões para a desorganização

A lista anterior visa ajudá-lo a identificar algumas das suas fraquezas organizacionais, mas também é útil para explorar as razões para elas.

Em termos gerais, poderíamos dizer que há três fatores principais que levam à desorganização: pressões externas, falhas nos sistemas e fatores pessoais. O primeiro inclui aspectos como sobrecarga, interrupções e problemas com o ambiente de trabalho, enquanto o segundo se refere à ausência de estratégias e rotinas para gerenciar tempo e informações, e dificuldade em usar ferramentas de auxílio adequadamente. É o terceiro fator, porém, que mais negligenciamos. Fatores pessoais que afetam a organização podem incluir ansiedade quanto a certas tarefas ou um desejo pelo novo que nos faz saltar de uma tarefa para outra. Também pode estar presente uma tendência para o perfeccionismo, o hábito de assumir tarefas demais, uma relutância em delegar ou a falta de capacidade de dizer não em certas ocasiões. Todos esses problemas podem ser resolvidos, mas, para isso, precisam ser reconhecidos. Reserve um momento para fazer a seguinte pergunta a você mesmo.

> **Atividade — pergunte a si mesmo(a)**
>
> Quais são as principais razões que me fazem ser menos organizado(a) do que gostaria? Anote suas respostas sob os seguintes cabeçalhos:
>
> - pressões externas;
> - falta de estratégias e rotinas adequadas;
> - fatores pessoais.
>
> Suas respostas serão úteis em uma atividade de definir objetivos proposta adiante neste capítulo.

## Atitudes em relação à organização

A desorganização não é, essencialmente, algo que nos envergonha. Na verdade, podemos apresentá-la a nós próprios como uma qualidade quase cativante — uma indicação de que há mais em nossas vidas do que rotinas chatas, atenção rígida à manutenção dos horários ou um desejo obsessivo de assegurar que tudo esteja no seu devido lugar. Enquanto persistirmos em tais atitudes, é provável que tenhamos certa resistência interna de nos tornarmos mais organizados, e as mudanças que buscamos serão mais difíceis.

Na introdução, apresentei algumas das desculpas que damos a nós mesmos para não nos tornarmos mais organizados, mas, por vezes, não se trata apenas de uma desculpa; podemos ter crenças enraizadas que nos travam, mesmo quando decidimos agir. Estas podem levar-nos a duvidar da nossa capacidade de mudar:

- "Vivo assim há tanto tempo que não sei se consigo mudar os meus hábitos."
- "Sou naturalmente desorganizado."
- "Eu me distraio tão facilmente que não consigo focar em nada por muito tempo."

Uma maneira de mudar essas crenças inúteis é procurar provas contrárias. Dê uma boa olhada em sua vida; é bem provável que você encontre áreas em que seja organizado(a). Talvez uma boa organização seja aparente em algum interesse pessoal para o qual você consegue arranjar tempo e atenção, apesar de seu dia a dia ocupado. Talvez ocorra em aspectos domésticos da sua vida, e até em áreas onde o caos parece governar, haverá casos de boa organização — itens armazenados em locais onde você é sempre capaz de encontrá-los e rotinas realizadas de forma rápida e eficaz. O que faz com que esses aspectos do seu trabalho ou da sua vida sejam diferentes? Há características dos seus sucessos organizacionais que você possa transferir para outros elementos do seu cotidiano? Foque nas coisas que funcionam em vez de focar apenas nas que não funcionam, e as use para construir uma visão mais positiva do caminho a percorrer. Tente listar os seus pontos fortes em qualquer área em que se encontrem. Anotá-los aumenta o valor do exercício.

Não se limite apenas a considerar os pontos fortes que estão explicitamente relacionados com os detalhes da organização. Outros atributos mais gerais também podem desempenhar esse papel. Considere qualidades como capacidade de adaptação, resiliência, paciência, determinação, autocontrole, habilidades analíticas, criatividade, curiosidade, perceptividade e versatilidade. É possível descobrir características adicionais que podem contribuir para que você se torne mais organizado(a), e estas, juntamente com exemplos negligenciados de comportamento organizado, oferecerão uma base para superar as fraquezas que você identificou em si mesmo.

Mesmo que ainda esteja lutando para encontrar pontos fortes que você possa usar, não se desespere. Um método comprovado para construir os atributos de que você precisa é "fingir até conseguir". Não se trata de fingir para os outros, mas de determinar que você irá praticar e aperfeiçoar as características desejadas pelo bem da sua própria autoconfiança e do seu progresso. E funciona. Como escreveu Aristóteles: "É fazendo que se aprende a fazer aquilo que se deve aprender a fazer: os homens passam a ser construtores, por exemplo, ao construir, e os harpistas, ao tocar harpa. Do mesmo modo, ao realizarmos atos justos, tornamo-nos justos; ao realizarmos atos autocontrolados, ganhamos autocontrole; e ao realizarmos atos corajosos, tornamo-nos corajosos".

Se você quiser remover atitudes inúteis em relação à organização, elimine o pensamento negativo. Afirmações como "nunca consigo me forçar a realizar tarefas", quer sejam feitas para i próprio(a) ou partilhadas em conversas com outros, servem apenas para reforçar um sentimento de impotência. Substitua essas afirmações negativas por positivas — simples e fortes, mas realistas, repetindo-as regularmente a si mesmo: "consigo realizar tudo o que me proponho fazer"; "posso lidar com interrupções e voltar ao que estava fazendo"; "posso mudar hábitos de desorganização"; "consigo lidar com o que quer que apareça durante o dia". Escolha algumas que se apliquem a você e repita-as constantemente.

Não quero exagerar na importância das afirmações. Desde que sejam sensatas e realistas, elas representam uma ferramenta útil para mudar atitudes negativas, mas não são a receita mágica em que alguns expoentes do pensamento positivo querem que você acredite.

É essencial também que você mude quaisquer posturas que possam reforçar a noção de que a arrumação é um processo totalmente tedioso ou que as pessoas desorganizadas são, de alguma forma, mais interessantes do que seus colegas mais organizados. Visualize os benefícios de um estilo de vida mais planejado. Qual será a sensação? O que uma organização melhor lhe oferecerá que você não tem no momento?

Visualizar os benefícios de um maior ordenamento é mais fácil se você tiver uma visão clara de quais são realmente seus objetivos, mas em uma vida ocupada e multifacetada isso pode ser mais difícil de ser feito do que dito. Você pode ter metas, compromissos e aspirações vagamente articulados; alguns irão sobrepor-se, outros poderão entrar em conflito. Haverá aqueles que você originou e outros sobre os quais você tem pouco controle. Eles podem estar associados a qualquer um dos elementos que constituem sua vida: trabalho, lazer, família e relacionamentos, responsabilidades voluntárias, aprendizagem e desenvolvimento.

Para ajudar a esclarecer seus pensamentos, farei uma pergunta simples que pode ajudar a identificar o que é importante para você.

## Por que eu quero ser mais organizado(a)?

Faça essa pergunta a si mesmo(a). Anote todas as respostas que vierem à mente e siga os rastros que nascerem de uma resposta.

---

### Exemplo

P: Por que eu quero ser mais organizado(a)?

A: Para que eu possa fazer mais durante a minha semana de trabalho.

Como isso vai me beneficiar?

- Significará menos necessidade de levar trabalho para casa à noite e aos fins de semana.
- Vai significar mais tempo com as pessoas de quem eu gosto.
- Estarei livre para me envolver em novos interesses desportivos e de lazer.
- Vai demonstrar aos outros que estou indo bem no trabalho.
- Pode mostrar que sou digno(a) de promoção.
- Poderia levar a um maior sentido de satisfação no emprego.

Perseguir esta pergunta ajuda a mudar as atitudes negativas a que me referia antes, e reforça o ponto de que as mudanças que você está buscando não são fins, mas sim meios para alcançar o que realmente importa para o seu trabalho e para a sua vida.

Compreender os objetivos gerais é um ponto de partida importante para se tornar mais organizado(a). O próximo passo essencial é identificar as práticas que terão de ser realizadas para que você possa alcançar essas metas, e isso significa definir objetivos. Vamos analisar juntos esta questão.

## Definindo objetivos

Não importa se falamos de metas de vida importantes, dos requisitos de um projeto de trabalho ou do processo para se tornar mais organizado(a), o tempo gasto para determinar seus objetivos será, muito provavelmente, reembolsado. Infelizmente, a definição de objetivos está, muitas vezes, rodeada por jargões e por um ar de mistério que podem amedrontar os iniciantes. Mas não precisa ser assim; uma meta é apenas uma ferramenta, cujo propósito é transformar desafios amorfos em tarefas às quais você pode se dedicar e que levarão a resultados significativos. É necessário que ela seja clara e precisa, mas não exagere na sua busca pela precisão total. É melhor ter uma meta que é um pouco solta do que não ter nenhuma. Esse costuma ser o caso quando estamos estabelecendo objetivos para nós mesmos e não para os outros. Você sabe o que quer dizer; os outros podem não saber.

Tente produzir objetivos que sejam SMART — *specific, measurable, achievable, results oriented and time related* [específicos, mensuráveis, alcançáveis, orientados para resultados e relacionados com o tempo].

### Específicos

Quanto mais geral for um objetivo, mais difícil será concentrar-se nas tarefas e atividades necessárias à sua realização. Como exemplo, vamos considerar seu propósito ao ler este livro. Você está com estas páginas porque quer se tornar mais organizado(a). Serve como objetivo geral, mas não é muito útil para chegar aonde queremos estar. Para isso, você precisa dividir sua meta geral em objetivos que sejam mais detalhados. As especificidades são aqueles aspectos que você já pode ter identificado como pontos fracos a serem resolvidos — como superar a procrastinação, esclarecer as prioridades ou eliminar a bagunça.

## Mensuráveis

Sem um elemento mensurável para seus objetivos, você não tem como determinar quando eles foram alcançados, o que pode significar uma perda de foco. Você pode decidir, por exemplo, que uma das suas metas em relação à organização pessoal é melhorar sua velocidade de digitação. Mas o que constitui um sucesso nesse caso — um aumento de uma palavra digitada por minuto, ou um aumento de trinta? O objetivo só terá precisão se houver alguma ideia de escala. E não negligencie o fato de que pode haver mais de um elemento mensurável para que ele tenha valor. Um aumento na velocidade de digitação pode ser inteiramente alcançável, mas com um custo de precisão que torna a melhoria sem sentido. Mesmo que você esteja preparado para sacrificar certo grau de exatidão no começo da jornada para aumentar seu desempenho, garanta que tais perdas sejam recuperadas mais tarde. No entanto, não seja muito rígido(a) ou arbitrário(a) em relação aos elementos mensuráveis que vier a introduzir em seus objetivos. A quantificação excessiva pode, na verdade, dificultar o sucesso à medida que o foco dedicado à medição interrompe o processo do que está sendo aferido. E a falta de flexibilidade pode significar que você não saberá o que fazer quando surgirem obstáculos imprevistos, ou pode até levá-lo(a) a ignorar oportunidades de desenvolvimento além da meta estabelecida.

## Alcançáveis

Qualquer objetivo que você estabeleça deve ser alcançável. Você está usando esse objetivo para que as coisas sejam feitas e para obter o reforço positivo que vem do sucesso. A finalidade dos objetivos não é adicionar estresse desnecessário à sua vida e gerar o reforço negativo da falha. Por outro lado, há pouco a se ganhar com a fixação de objetivos que possam ser alcançados com um esforço mínimo. Você pode até se alegrar ao riscá-los da sua lista de coisas a fazer, mas, no fundo, não se deixará enganar pela ilusão do progresso. O truque é estabelecer objetivos imediatos que estejam ao seu alcance. É uma questão de ter que se esforçar para alcançá-los, mas não de se sobrecarregar com aspirações que serão impossíveis de serem realizadas.

Isso significa que você não pode ter um grande objetivo, um que esteja muito além de suas capacidades atuais? Não, claro que não, contanto que você divida seus objetivos principais em subobjetivos e caminhe em direção à sua meta final com passos controlados.

Você pode, por exemplo, ter o grande objetivo de reduzir a média de horas semanais que você gasta em questões de trabalho, passando de cinquenta e cinco para 40 horas, e mantendo o nível atual de produção e qualidade. Esta é, provavelmente, uma meta que exigirá atenção a muitos dos elementos abordados neste livro, e deve ser dividida em subobjetivos, cada um com etapas realistas que podem ser de fato realizadas. Um desses pode dizer respeito à melhoria da capacidade de delegar. Mas, nesse contexto, é necessário reconhecer que as fases iniciais de um processo podem, na realidade, significar um investimento de mais tempo, à medida que você dá atenção a atividades como identificar quais tarefas podem ser delegadas, informar as pessoas que as assumirão e trabalhar para garantir que as tarefas sejam percebidas como valiosas e desafiadoras. Os objetivos que você delimitar devem levar em conta esse investimento de tempo e fornecer o espaço necessário para ele antes que a economia de tempo comece a entrar em cena.

## *Orientados para resultados*

Os objetivos devem ser descritos em termos de resultados obtidos, e não de atividades. Se, como parte de um esforço para se tornar mais organizado(a), você determinar que chegará ao trabalho uma hora mais cedo, está simplesmente descrevendo a atividade. Você pode passar essa hora bebendo café e conversando, e você ainda vai cumprir a meta. Uma atitude muito melhor incluiria a identificação das coisas que você se propõe alcançar durante essa hora — possivelmente, a conclusão de tarefas que requerem concentração ininterrupta e, portanto, são mais difíceis de realizar na agitação do dia de trabalho regular.

## Relacionados com o tempo

A concretização dos objetivos geralmente se beneficia da delegação de prazos claros para a sua realização. Isso está diretamente ligado à exigência de que eles sejam alcançáveis. Determinado objetivo pode ser atingido em um certo período de tempo, mas não em outro. Os prazos são úteis para proporcionar motivação e manter a dinâmica, desde que estejam relacionados a um período de tempo realista para você. Um prazo para daqui a seis meses é muito vago e distante para a maioria das pessoas. Se quisermos manter esforço e motivação consistentes durante um período de mais de um mês, talvez seja necessária a divisão do nosso objetivo em fases menores — semanas ou um único mês . Isso pode significar a delimitação de marcos mensais — pontos de revisão no caminho até o principal — ou a definição de uma série de subobjetivos. Se, por exemplo, você concluir que em um período de três meses é possível reduzir a quantidade de tempo gasto em reuniões de uma média atual de 12 horas por semana para seis, você pode definir metas de redução de duas horas semanais em cada mês, com um foco mensal específico:

- Mês 1 — libertar-se de reuniões desnecessárias.
- Mês 2 — encontrar formas alternativas e mais eficientes em termos de tempo para realizar alguns dos assuntos atualmente conduzidos em reuniões.
- Mês 3 — melhorar a eficiência das reuniões em que você continua envolvido(a).

## Atividade

Até este momento, você identificou algumas de suas fraquezas organizacionais, bem como pontos fortes que você pode utilizar para se tornar mais organizado(a). Você respondeu à pergunta "Por que eu quero me tornar mais organizado(s)?" e analisou os fatores a serem levados em conta ao formular objetivos. Chegou a hora de juntar todos esses elementos, articulando um conjunto de objetivos para uma melhor organização. Escreva-os em uma lista numerada, organizada por ordem de importância e levando em conta os pontos SMART acima indicados. Em alguns casos, você talvez já tenha ideias de subobjetivos e os passos detalhados que espera dar para alcançar o principal. Em caso afirmativo, anote-as, mas não se preocupe em produzir um plano de ação detalhado nesta fase. Você terá a oportunidade de refinar suas metas à medida que avançar no livro, e nós revisaremos o progresso e planejaremos um caminho a seguir no capítulo final.

Na atividade anterior, consideramos apenas objetivos relacionados a uma melhor organização. Sua direção e eficácia se beneficiarão de tê-los presentes nos principais elementos de sua vida e de seu trabalho, mas se eles não existem atualmente em algumas áreas, dê tempo a si mesmo(a) para estruturá-los e implementá-los. Concentrar-se em muitos objetivos ao mesmo tempo pode ser cansativo demais. É melhor focar em áreas prioritárias e incluir objetivos adicionais à medida que você avança.

## Equilibrando os diferentes elementos da sua vida

Sua vida é composta por uma variedade grande de elementos, cada um competindo por seu tempo e atenção, e é fácil se deixar levar por um em detrimento dos outros. Uma atividade pode tomar mais a sua atenção do que o previsto, ou uma questão interessante pode desviá-lo(a) de outras prioridades. Tenha o cuidado de se concentrar no panorama geral e repartir os seus recursos limitados de uma forma equilibrada para garantir que esteja progredindo em todos os aspectos da vida — trabalho, lazer e descanso.

Seja qual for seu trabalho ou estilo de vida, é provável que haja uma série de exigências conflitantes em relação ao seu tempo. Portanto, passe alguns momentos considerando ajustes que você pode fazer nas atividades que consomem seu tempo e sua energia.

> **Atividade — pergunte a si mesmo(a)**
>
> 1  Existem elementos da minha vida que estão tomando uma maior proporção do meu tempo e atenção do que deveriam? Se sim, quais são?
> 2  Por que eles exigem essa atenção excessiva?
> 3  Em que elementos da minha vida eu deveria estar gastando mais tempo?
> 4  O que posso fazer para ajustar o equilíbrio entre os pontos 1 e 3?
>
> Tente formular suas respostas ao ponto 4 em termos de objetivos realistas que você pode acrescentar à lista que produziu anteriormente.

## Determinando as prioridades do dia a dia

A vida seria fácil se, tendo planejado o caminho a seguir, pudéssemos, de forma silenciosa e sistemática, prosseguir e realizar os nossos objetivos. Mas não é assim. Muito provavelmente, seu dia é gasto com uma infinidade de tarefas rotineiras, crises, solicitações e interrupções. Diante desse bombardeio, você precisa de um meio para determinar quais tarefas terão prioridade. Uma maneira simples de lidar com isso é definindo a importância e a urgência de cada exigência, seja ela gerada por você ou solicitada por outra pessoa.

Diz-se que o general da Segunda Guerra Mundial e antigo presidente dos EUA Dwight D. Eisenhower gostava de ordenar prioridades dessa forma, e teria dito o seguinte: "O que é importante raramente é urgente, e o que é urgente raramente é importante". O princípio de analisar demandas de tempo em termos de importância e urgência foi posteriormente popularizado por Stephen R. Covey em seu livro *Os 7 hábitos das pessoas altamente eficazes*, e tem sido amplamente adotado por profissionais de gestão de tempo. Podemos usar uma avaliação simples de importância e urgência para categorizar qualquer tarefa em uma das quatro formas (ver Figura 1.1).

**Figura 1.1**  Determinando prioridades

## Tarefas importantes e urgentes

Os itens que são simultaneamente importantes e urgentes são aqueles aos quais você deve dar a atenção imediata, mas nem sempre são instantaneamente identificáveis. O que constitui "importante" pode ser problemático. Um colega manipulador pode convencê-lo de que o que é importante para ele ou ela deve ser igualmente importante no seu plano. Pior ainda, você pode ser o(a) culpado(a) — convencendo-se de que um pequeno desvio é uma tarefa essencial que simplesmente não pode esperar. "Importante", neste contexto, deve ser a realização de seus objetivos principais — não apenas aqueles associados ao seu trabalho, mas também aos objetivos mais amplos de qualidade de vida. Se um estilo de vida equilibrado e um bom tempo em família têm alta prioridade para você, então chegar à apresentação de Natal do(a) seu(sua) filho(a) será tão importante quanto qualquer coisa que possa surgir no trabalho.

Também vale a pena questionar a noção de urgência. Mais uma vez, pode ser um caso de planos de outras pessoas em vez de seus. Pode ainda ser uma questão urgente que poderia ter sido evitada se você tivesse planejado melhor o seu tempo ou se tivesse começado a trabalhar mais cedo, em vez de procrastinar. Alguns fazem seu trabalho melhor quando estimulados por um senso de urgência, mas uma que você controla — quando estabelece seu próprio prazo ou planeja trabalhar sob pressão de tempo — é diferente da sensação de crise e pânico que vem acompanhada da urgência que apareceu de surpresa.

## Tarefas importantes, mas não urgentes

Estas são as que geralmente apresentam o maior problema para aqueles de nós cuja organização não é tão boa quanto poderia ser. Esses objetivos são de longo prazo ou grandes questões de qualidade de vida, e temos que garantir que teremos tempo para enfrentá-los. Muitas vezes somos culpados de ignorá-los ou adiá-los, permitindo que outras atividades menos importantes, mas mais urgentes ou atraentes, tomem seu lugar. Dada a atenção inadequada, tarefas desse tipo podem ser subitamente promovidas aos extremos da categoria anterior quando um prazo se aproxima ou, na ausência de um significativo, não serem cumpridas. Esse é o destino de muitos objetivos de vida que são realmente importantes para nós, mas que são adiados até murcharem e morrerem. Planeje seu tempo de forma eficaz para reduzir essa possibilidade, e tente assegurar que grande parte dele seja gasto em tarefas desta categoria.

## Tarefas urgentes, mas não importantes

Obviamente, você deve garantir que estas tarefas não desviem a sua atenção das que se encontram na categoria anterior. A urgência não torna as tarefas mais importantes. Pergunte-se por que elas são consideradas urgentes. Muitas vezes você vai descobrir que não é mais do que um verniz aplicado por outros para justificar a existência da tarefa ou cobrir a própria ineficiência. Por outro lado, você pode ser o(a) principal culpado(a), deixando que uma simples questão do dia a dia cresça até se tornar urgente. Em tais circunstâncias, pode ser necessário levar em consideração seus hábitos diários de trabalho, para que situações semelhantes não surjam no futuro. Vamos discutir como você pode fazer isso no capítulo 3. Quando uma tarefa urgente, mas sem importância surge por conta de planos de outra pessoa, você pode ter que desafiar a percepção dela sobre sua relevância, aprendendo a dizer não aos pedidos, delegando a tarefa ou deixando-a de lado até que perca a importância. Claro que a sua decisão sobre o que fazer pode exigir um elemento de diplomacia. Se for seu(sua) chefe quem está pedindo, e ele(a) considera essa tarefa específica importante e urgente, então pode ser necessário algum ajuste em sua avaliação.

## Tarefas nem importantes nem urgentes

Você não deve desperdiçar seu tempo e sua energia com isso. Frequentemente, as tarefas nesta categoria são usadas como distrações criadas por nós mesmos — desculpas para não realizar outros trabalhos mais importantes que, por uma razão ou outra, nos causam certa ansiedade. Reconheça-as pelo que são e concentre seus esforços em tarefas das outras categorias.

## A regra 80:20

A regra 80:20 foi originada pelo economista italiano Vilfredo Pareto por volta de 1900. Ele descobriu um fenômeno consistente: cerca de oitenta por cento da riqueza dos países era controlada por cerca de vinte por cento das pessoas. Esse princípio foi, entretanto, alargado para incluir todos os aspectos dos negócios e da gestão — particularmente que "oitenta por cento dos resultados provêm de vinte por cento do esforço". A precisão dessa relação pode ser contestada, mas o fato é que, ao concentrar seus esforços nas poucas ações importantes e não nas triviais, você é capaz de alcançar resultados mais impressionantes.

## Resumo

Os primeiros passos para uma melhor organização consistem em:

- Entender seus atuais pontos fortes e fracos no que diz respeito à organização;
- Identificar as razões pelas quais você não é tão organizado(a) como gostaria;
- Construir uma crença positiva na sua capacidade de progredir;
- Estabelecer uma visão clara do que você espera ganhar com uma melhor organização;
- Definir objetivos precisos;
- Equilibrar os diferentes elementos da sua vida;
- Determinar as prioridades do dia a dia.

# 2
# Organize o seu tempo

O tempo difere da maioria dos outros recursos na medida em que é compartilhado igualmente. Todos temos a mesma quantidade de tempo todos os dias. As diferenças residem na forma como escolhemos gastá-lo e no quanto tentamos aproveitá-lo.

O objetivo de gerir melhor o próprio tempo consiste em reduzir o número de horas que você passa trabalhando ou em conseguir fazer mais no mesmo número de horas. É uma questão de prioridades. Quando você diz "eu não tenho tempo para isso", está, na verdade, falando que "outra coisa é mais importante para mim do que isto". O problema é que, com planejamento e acompanhamento inadequados, perdemos o controle do nosso calendário e não conseguimos distinguir entre aquilo em que vale a pena investir e aquilo em que não vale. Então dizemos "eu não tenho tempo para isso" quando há um compromisso importante, porque já gastamos horas demais com trivialidades.

Neste capítulo, analisaremos as técnicas de planejamento e acompanhamento das tarefas nas quais precisamos gastar tempo. Primeiro, porém, vamos considerar como você o utiliza.

## Como você usa seu tempo agora

Antes de embarcar em um novo regime de planejamento temporal, preste atenção à forma como você gasta seu tempo atualmente. Alguns programas de organização pessoal propõem que você comece mantendo um registro rígido durante algumas semanas; mas, para aqueles atormentados pela desorganização e baixa produtividade, isso pode parecer um ponto de partida totalmente surreal. Não vou recomendar nada tão exigente, mas sugiro que faça um exercício de monitorização simples durante um mínimo de três dias.

## Exercício de monitorização — a importância da tarefa

O objetivo deste exercício é aumentar sua consciência da importância relativa das tarefas que compõem seu dia e sinalizar as áreas em que você pode concentrar seus esforços. Em uma folha de papel em branco, desenhe três colunas e coloque em cada uma delas um dos cabeçalhos: "Tarefa", "Tempo", "Avaliação". Você também pode querer fazer algumas cópias, já que usará várias dessas folhas nos dias seguintes.

Mantenha uma folha à mão durante todo o dia de trabalho e anote na coluna da esquerda todas as atividades que ocupam parte do seu tempo. Forneça uma estimativa aproximada do tempo gasto em cada item na coluna central. É essencial que você seja honesto(a) consigo mesmo(a) e inclua tudo o que compõe o seu dia — o importante e o trivial. Uma imagem precisa de como o seu tempo é gasto é vital para que você possa progredir no uso deste recurso limitado de forma mais eficaz. Não é necessário introduzir muitas informações na coluna Tarefa — apenas o suficiente para se lembrar qual era o item em questão.

No final do dia, reveja o seu registro de atividades e introduza um número correspondente às quatro categorias que discutimos no capítulo anterior:

1 Importante e urgente

2 Importante, mas não urgente

3 Urgente, mas não importante

4 Nem importante nem urgente

Um exemplo desse registro é dado na Figura 2.1.

**Figura 2.1** Monitorando a importância das tarefas

| Tarefa | Tempo | Avaliação |
|---|---|---|
| Participação em reuniões irrelevantes | 2 horas | 4 |
| Cronograma de planejamento para novo projeto | 30 minutos | 2 |
| Responder a um pedido urgente de informações | 30 minutos | 3 |
| Preparação para a reunião de status de amanhã | 1 hora | 1 |

Preencha uma folha por dia durante um mínimo de três dias (de preferência cinco) e compare-as fazendo as seguintes perguntas a si mesmo:

- Tive alguma dificuldade em distinguir tarefas importantes e não importantes?
- Em caso afirmativo, que medidas devo tomar para eliminar essa confusão?
- Que proporção do meu tempo está sendo gasto em tarefas sem importância?
- Se essa proporção é excessiva, o que posso fazer para reduzi-la?
- O tempo gasto em tarefas importantes, mas não urgentes, foi suficiente?
- Se a resposta à pergunta anterior for "não", como posso aumentar o tempo dedicado a essas tarefas?

Se, durante esse exercício, você se perceber descartando ou delegando tarefas que, normalmente, teria realizado, tudo bem. É o primeiro passo para organizar melhor o seu tempo.

Nem sempre é tão fácil quanto parece distinguir entre o importante e o trivial, mas seu principal ponto de referência devem ser seus objetivos. Desde que tenham sido bem construídos e que você tenha tido o cuidado de dividir as suas realizações em etapas administráveis, as tarefas que estão em conformidade com os seus objetivos principais devem ser facilmente identificáveis. Se a confusão continuar, pode ser necessário reexaminar e editar um objetivo ou os seus elementos constitutivos. Há, naturalmente, diferentes níveis de importância, mas eu sugeriria que, inicialmente, você se concentrasse em distinguir o importante do trivial. Se você acha que essa não é uma forma inadequada de priorizar o seu tempo, talvez queira introduzir graus de importância; mas meu conselho seria manter essa distinção o mais simples possível (uma escala ABC de três pontos). Às vezes, apesar de todos os seus esforços, uma tarefa que parece ser importante acaba não sendo. Não se preocupe muito com esta possibilidade. Você só pode tomar decisões com base nas informações que tem no momento.

Várias das possíveis estratégias associadas à redução do tempo gasto em tarefas sem importância são descritas mais adiante no livro:

- Lidando com procrastinação — ainda neste capítulo;
- Mantendo a concentração — capítulo 3;
- Delegando — capítulo 5;
- Superando distrações e interrupções — capítulo 5;
- Aprendendo a dizer não — capítulo 5.

A distinção entre importante e urgente não precisa ser reservada apenas para suas atividades profissionais. Você pode utilizá-la de maneira construtiva também em relação ao seu tempo livre. Muitos de nós desperdiçamos este momento em pequenas tarefas e distrações e descobrimos que, como resultado, nossas metas pessoais mais importantes acabam de lado.

## Aplicativos tecnológicos que auxiliam no monitoramento do tempo

Se estiver à procura de uma ajuda tecnológica para o monitoramento das suas atividades, considere um aplicativo como o RescueTime.

Esta ferramenta on-line fica em segundo plano e monitora as interações de seu computador, fornecendo uma análise dos vários aplicativos, sites e documentos que você usou, e oferecendo uma avaliação de sua produtividade. Se você optar por um *upgrade* do serviço gratuito básico, ele também pode ajudá-lo(a) com atividades não rastreadas pelo computador, além de oferecer a chance de bloquear voluntariamente ações que o distraem ou estabelecer limites diários para certos tipos de movimentos e ser avisado se alcançá-los. Naturalmente, o que este aplicativo não consegue é fazer um julgamento sobre a real importância do trabalho que você está empreendendo. Você pode passar uma hora mexendo no processador de texto, e não produzindo nada de valor, mas o RescueTime ainda classificará esse tempo como muito produtivo. Assim, enquanto ferramentas deste tipo podem lhe dar uma leitura precisa de onde o seu tempo está sendo gasto, um julgamento próprio sobre importância e urgência das tarefas ainda será necessário.

## Planejando suas atividades

Após analisar como seu tempo está sendo gasto, o próximo passo é adotar um sistema viável para planejar suas atividades ao longo dos próximos dias, das semanas e dos meses.

Para planejar com eficácia, você precisa, primeiro, determinar seus objetivos e identificar os passos necessários para alcançá-los. Em seguida, deve transformar projetos e atribuições em tarefas menores e fazer uma estimativa de quanto tempo você espera gastar em cada atividade. Isso pode formar a base de uma lista mestre a partir da qual é possível planejar os próximos passos. A compilação dessa lista é um compromisso significativo, e a minha experiência sugere que, muitas vezes, iniciamos essa lista num fluxo de entusiasmo, dedicando tanto tempo e energia ao processo de compilação que ficamos rapidamente desencantados quando chega o momento da implementação. Incorporar detalhes demais na sua lista mestre na fase inicial também pode resultar em rigidez excessiva. Eu sugiro que é melhor manter certa flexibilidade, rever seus objetivos, subobjetivos e suas tarefas regularmente e estar preparado(a) para mudá-los e atualizá-los quando as circunstâncias demonstrarem a necessidade de adaptações.

## Listas de tarefas

As listas de tarefas são fundamentais para a atividade organizacional da maioria das pessoas, e se ela é rabiscada no verso de um envelope ou exposta em uma tela digital, a sua finalidade essencial é a mesma, tal como os seus potenciais inconvenientes. Pode ser uma ferramenta simples, mas poderosa, ou um exercício sem sentido. A diferença está na forma como alguém a aplica, e há alguns pontos a serem levados em conta para que as listas de tarefas realmente funcionem.

Como já foi indicado, a primeira pergunta é: de onde vem a sua lista? Ela não será de grande ajuda se contiver apenas uma junção de pensamentos que surgem na sua cabeça todas as manhãs ou no início de cada semana. É provável que essa relação se concentre mais em questões atraentes ou urgentes, mas não necessariamente importantes. Desenhar um cronograma de tarefas imediatas a partir de uma lista mestre certamente beneficiará seu planejamento, mas não espere que ela forneça todas as suas necessidades. É inevitável que haja compromissos imprevistos, tarefas de pequena escala e pedidos de outros que terão de ser atendidos.

Separe sua lista mestre em diferentes categorias para mantê-la gerenciável e para que você possa construir, visualizar e editar determinadas áreas de atividade isoladamente. Tais categorias podem assumir a forma de grandes projetos ou de áreas significativas do seu trabalho. Alguns aplicativos vêm com categorias pré-formatadas. Se você estiver usando um desses, livre-se das irrelevantes e configure novas de acordo com sua necessidade. Sugiro que uma de suas categorias seja o projeto de autodesenvolvimento de se tornar mais organizado(a), e que ele incorpore objetivos que você já identificou e outros que acrescentará com este livro.

Claramente, os itens que compõem sua lista mestre terão características muito diferentes. Alguns virão com prazos fixos que podem incorrer em penalidades financeiras ou de reputação se não forem cumpridos. Com outros, você vai querer construir em seu próprio tempo limitações para garantir o impulso contínuo. Há também uma distinção a ser feita entre aqueles que podem ser prontamente completados e riscados da lista e aqueles nos quais você pode precisar focar por dias ou semanas. Sempre que possível, você irá dividir esses itens em etapas gerenciáveis, mas em algumas situações, como quando você está procurando construir um novo hábito, o mesmo item pode permanecer no seu radar durante duas ou três semanas até que esteja completamente absorvido.

A dificuldade com listas de tarefas é fruto das expectativas irreais quanto ao número de atividades que podem ser concluídas dentro de determinado período de tempo. Prepará-las proporciona a sensação de se estar lidando com a carga de trabalho, e é fácil se deixar levar por elas. A consequência é uma lista potencialmente assustadora, que pode alimentar uma tendência à procrastinação. O estresse de não concluir uma tarefa substitui a sensação positiva gerada com a compilação da lista, e cria uma fila crescente de itens atrasados que se acumulam dia após dia, semana após semana, até que, finalmente, todo o exercício é abandonado.

Então, para alcançar as coisas que você listou, é importante que suas expectativas sejam razoáveis. A definição de datas limite para tarefas chave irá ajudá-lo(a) a estruturar o seu progresso e concluir seus planos e objetivos principais, mas atribuí-las no momento em que introduzir as tarefas na sua agenda ou no aplicativo de gestão que escolheu pode levar a bloqueios, com muitas obrigações de diferentes áreas aparecendo ao mesmo tempo. Sua lista mestre será mais flexível se você tiver o hábito de revisá-la regularmente e definir prazos para as menos urgentes uma semana ou quinze dias antes do prazo final.

O planejamento eficaz de atividades requer que se leve em conta diferentes períodos. Embora a importância da programação de longo e curto prazo varie de acordo com a natureza de seu trabalho, você pode achar útil dividi-la em três partes. A primeira, e mais geral, poderá ser uma visão global dos próximos três meses em termos de grandes objetivos; a segunda, uma análise semanal para assegurar que você será capaz de se preparar para compromissos e prazos iminentes; e a terceira, um plano diário que lhe permita alcançar um equilíbrio entre tarefas importantes e urgentes e aquelas que contribuem para objetivos de longo prazo.

Vamos começar pelo mais imediato.

## Planejando seu dia

O melhor momento para planejar o seu dia não é no início da manhã, mas no final do expediente do dia anterior. Uma vez acostumado(a), você não deve demorar mais do que alguns minutos para realizar esta etapa. A tarefa será concluída enquanto seu cérebro ainda estiver no modo de trabalho, e na manhã seguinte você não terá que desperdiçar seu tempo. Você sabe exatamente o que precisa fazer e é capaz de começar a atividade com o pé direito. Tente não ser excessivamente ambicioso(a) no número de tarefas que definir, e não se planeje tanto a ponto de não haver espaço para o inesperado. Você pode achar útil dividir sua lista de coisas a fazer entre as tarefas que precisam ser finalizadas dentro do período designado e aquelas cuja realização é meramente desejada. Riscar itens concluídos da sua lista é muito satisfatório e ajuda a mantê-lo(a) no caminho certo, mas resista à tentação de incluir muitos de fácil conclusão — pequenas tarefas que existem simplesmente para serem riscadas.

## Mapeando sua semana

Tal como no planejamento diário, a hora de mapear a sua semana é no fim da anterior. Você não está tão preocupado(a) com os detalhes como está ao fazer a lista diária, mas quer estabelecer um equilíbrio para a sua semana como um todo, garantindo que não será pego(a) de surpresa. Pensará em que informação precisa pedir na segunda-feira para que ela esteja disponível para uma tarefa que deve ser concluída até sexta-feira; o que terá que fazer na terça-feira para preparar uma reunião no dia seguinte; quanto terá que se esforçar diariamente para completar uma iniciativa a longo prazo, etc.

Uma sexta-feira à tarde ou um fim de semana em que você mapeia a semana seguinte é também um bom momento para rever o seu trabalho dos sete dias anteriores, e parabenizar-se pelas coisas que concluiu. Não sucumba à frustração por causa de tarefas que você não conseguiu completar. Use esse momento como uma oportunidade para se perguntar por que elas ainda não foram concluídas:

- Houve excesso de otimismo da sua parte em relação ao número de tarefas que atribuiu para a semana?
- Apareceram outros trabalhos importantes e inesperados que puseram de lado algumas obrigações?
- Ocorreu algo que fez com que as tarefas deixassem de ser necessárias?
- Você foi, talvez, responsável por procrastinação ou evasão?

Considere se as tarefas em questão precisam ser reprogramadas e, em caso afirmativo, adicione-as ao seu próximo plano. Utilize as estratégias sugeridas mais tarde neste capítulo para garantir que sejam cumpridas. Enfatizo, novamente, o grande valor dos momentos de revisão.

## Visão global dos próximos três meses

Trata-se, em grande parte, de grandes blocos de tempo que precisarão ser dedicados a projetos e tarefas de desenvolvimento, e diz respeito aos aspectos importantes, mas não urgentes, de sua agenda. Deve-se cuidar para que:

- Os prazos não se sobreponham;
- As escalas temporais atribuídas às tarefas principais sejam realistas;
- Os projetos ou missões grandes sejam divididos em tarefas menores;

- A ordem em que as subtarefas devem ser concluídas seja identificada;
- Uma abordagem funcional para acompanhar os progressos, aperfeiçoá-los e reprogramá-los esteja em vigor.

Se você não tem o hábito de planejar seu tempo sistematicamente, ou se seus esforços anteriores para fazê-lo não foram bem sucedidos, sugiro que faça uma síntese semanal, em conjunto com uma lista mestre de tarefas. Uma vez que você tenha um sistema de planejamento de tempo semanal funcionando, passe para um mais detalhado de cada dia e uma maior consciência da dimensão de longo prazo.

## Acompanhando suas atividades

Acompanhar significa manter em dia todas as atividades que você planejou, assegurando ter conhecimento dos prazos e monitorando seu progresso em direção à realização dos objetivos que estabeleceu. Você precisa controlar seus contatos, suas reuniões e seus compromissos, ao mesmo tempo em que mantém a clareza sobre quais tarefas ainda precisam ser concluídas e quando você espera informações de outras pessoas.

As ferramentas que você utiliza para ajudar no planejamento e rastreamento de tarefas podem variar entre um bloco de notas e um diário a aplicativos de calendário e gestão de tarefas para *smartphones* ou computadores. Minha recomendação é que qualquer sistema que você use para gerenciar informações pessoais seja o mais simples possível, consistente com as exigências do seu trabalho. Procure acertar os princípios básicos e desenvolvê-los em vez de contribuir para um sistema muito ambicioso e que ainda não foi testado. Escolha aplicativos eletrônicos ou métodos em papel que sejam confortáveis e funcionais para você, e resista à tentação de entrar e sair de diferentes métodos e produtos. O pior que pode acontecer é duplicar seu esforço e perder dados ao dispersar sua informação em vários lugares.

Para algumas pessoas, a necessidade de acompanhamento de informações pode ser atendida da forma mais simples: um caderno para registrar tarefas e lembretes gerais, e um diário para reuniões e compromissos agendados. Todas as outras ferramentas são variações deste formato básico, e o aumento da sofisticação nem sempre significa maior eficácia. No entanto, aqueles de nós com muitos contatos, tarefas e compromissos vão querer um meio mais avançado de rastreá-los. Vejamos os méritos dos sistemas eletrônicos e em papel.

## Ferramentas eletrônicas

O grande benefício do rastreamento eletrônico de informações é o fato delas poderem ser integradas e visualizadas de diferentes maneiras, sem o incômodo de transferi-las manualmente. Dependendo do *software* que você estiver usando, pode planejar suas atividades dentro de um projeto e inserir tarefas em sua programação durante um período de semanas, sem perder a noção de outros compromissos. Na data marcada para o início de uma tarefa, um marcador aparecerá e não irá embora até que você a tenha assinalado como concluída ou reprogramada. Os compromissos regulares só precisam ser incluídos uma vez. Você pode visualizar o panorama geral ou um mais específico, e vincular pessoas às tarefas e aos compromissos. Informações de referência de rotina ou lembretes essenciais são facilmente incorporados, e é fácil rastrear tempo e custo. Você também pode atribuir tarefas a terceiros e receber atualizações sobre o progresso da tarefa ou comparar agendas on-line ao procurar horários adequados para uma reunião. O onipresente *smartphone* prova que todas essas ações podem ser levadas com você durante a maior parte do tempo, e aqueles que possuem GPS podem ser programados para apresentarem lembretes específicos quando você estiver em determinado local.

Alguns aplicativos, como o Outlook, agrupam todos os aspectos da gestão das informações pessoais — e-mail, contatos, calendário e listas de tarefas — em um pacote integrado, enquanto outras opções exigem a utilização de dois ou três aplicativos para obter o mesmo resultado. Certo nível de integração é claramente desejável — é muito útil que as tarefas com prazo apareçam no seu calendário e que contatos possam ser associados a compromissos. Mas é preciso destacar que alguns dos pacotes totalmente integrados podem ser um pouco pesados, e uma combinação de ferramentas separadas pode oferecer funções não presentes em um único aplicativo de gerenciamento de informações pessoais. Em um ambiente no qual muitos de nós usam vários dispositivos eletrônicos, uma consideração primária tende a ser a sincronização de dados entre eles. Isso se torna mais simples se você estiver usando o mesmo sistema operacional e os mesmos aplicativos em todos os dispositivos, apesar de os desenvolvedores lançarem produtos que operam em diferentes plataformas, e que permitem a sincronização de dados entre sistemas rivais. Mesmo quando este não é o caso, há, muitas vezes, um aplicativo terceirizado barato e que preenche essa lacuna.

Se você teme não conseguir que seus vários dispositivos falem entre si, pelo menos certifique-se de ter um dispositivo mestre e de mantê-lo rigorosamente atualizado. Seu telefone é o candidato mais óbvio para esse papel, pois é algo que você carrega consigo na maioria das vezes e, consequentemente, está à mão para a inclusão de novos compromissos e para receber lembretes sobre os já existentes.

Em última análise, a escolha dos aplicativos eletrônicos deve-se à preferência pessoal, e existem dezenas de produtos igualmente competentes, tanto gratuitos como pagos. Novos recursos são lançados a todo momento, então uma pesquisa na internet de "melhores aplicativos de gestão de informações pessoais" (PIM) pode ajudar com recomendações. Darei dicas no capítulo 8.

### Agendas e organizadores em papel

A gestão eletrônica de dados organizacionais não é para todos. Antes dos *smartphones* e do Wi-Fi, nenhum profissional que se prezasse seria visto sem uma agenda pessoal de couro, e uma visita a uma papelaria revelará que ainda há muitas por aí, produzidas em uma variedade de estilos e preços. O formato básico é de um pequeno caderno com seções indexadas contendo páginas de inserção pré-impressas.

Algumas dessas seções são: planejadores anuais; agendas em vários formatos; folhas de planejamento diário; objetivos mensais e folhas de planejamento dos projetos; números de telefone e endereços; folhas de orçamento; páginas para anotações.

A ideia é que todas as informações de trabalho necessárias estejam em uma pasta conveniente. Quem as usa pode mudar facilmente o foco de uma visão de longo prazo para uma de curto prazo, e rapidamente atualizar informações onde quer que esteja. Novas páginas podem ser inseridas e as redundantes, removidas, para que o organizador permaneça indefinidamente expansível e sempre atualizado. A desvantagem é que pode haver a necessidade de transferir informação de uma página para outra, e algumas das ferramentas, como os planejadores anuais, por exemplo, são pequenas demais para serem utilizadas seriamente. Além disso, se você tem muitos contatos para inserir no seu caderno de endereços ou precisa fazer um monte de anotações, pode ser que essa seção fique pesada.

## O que é melhor: eletrônico ou papel?

Tudo depende de como você gosta de trabalhar. Os sistemas baseados em papel são claramente muito menos poderosos em termos de referências cruzadas, e requerem um certo grau de duplicação. Eles não têm a conveniência da inserção de lembretes automáticos, e é mais fácil para os itens se perderem. Por outro lado, mesmo usando os métodos de geração de voz disponíveis nos dispositivos modernos, a introdução ou extração de informação de sistemas eletrônicos pode interromper o fluxo de outras atividades.

Não há dúvida de que estamos cada vez mais nos voltando para a tecnologia para aprimorarmos a nossa organização pessoal, mas ainda não é hora de declarar o fim dos métodos analógicos. Mesmo os avançados admitirão que existem tarefas em que preferem usar papel — por exemplo, ao mapear as atividades a serem incluídas em um projeto antes de chegar ao planejamento detalhado. E há profissionais bem conceituados na área de gestão de tempo que defendem fortemente a gestão de tarefas por meios analógicos.

É muito importante que, seja qual for o meio escolhido para registar compromissos e afazeres, eles estejam sempre acessíveis. Seu cérebro o alertará sobre algo que precisa ser feito quando você está envolvido em uma atividade sem relação alguma com aquilo. Ao anotá-la imediatamente, você é liberado para se concentrar totalmente na tarefa que está realizando.

No meu caso, ainda que eu use aplicativos eletrônicos para gerenciar compromissos e tarefas principais, sempre mantenho um caderno à mão, muitas vezes preferindo fazer uma anotação rabiscada e depois inseri-la nos aplicativos do que interromper o fluxo de outras atividades para interagir com um dispositivo eletrônico. Tarefas menores, frequentemente, são cumpridas enquanto ainda estão no caderno.

> **Atividade**
>
> Antes de sair desta seção, reserve alguns momentos para considerar como você planeja e acompanha suas atividades, quais são os pontos fracos desse processo e que mudanças você pode fazer para melhorá-lo.
>
> Como você planeja atualmente as suas atividades?
>
> 1    Plano de tarefas a longo prazo.
> 2    Programação semanal.
> 3    Lista diária de tarefas.
> 4    Outro.
>
> Que limitações à sua abordagem atual são aparentes?
>
> 1    Listas concluídas mas depois ignoradas.
> 2    Tarefas atraentes finalizadas primeiro; as pouco atraentes são adiadas.
> 3    Gargalos com muitas tarefas programadas para o mesmo período.
> 4    Informações armazenadas em diferentes locais.

> 5  Revisão inadequada do progresso.
> 6  Outro.
>
> Que mudanças você pretende fazer para abordar o planejamento atual e acompanhar os pontos fracos? Inclua esses dados na lista mestre e trabalhe com eles no devido tempo.

## Agendando o seu tempo — estimativa das exigências de tempo

Você começa o dia com, digamos, uma dúzia de itens que espera completar da sua lista de tarefas. Que confiança você tem de que, no fim do dia, todos eles terão sido riscados? Não serão muitos, a menos que você tenha feito alguma estimativa de quanto tempo cada tarefa provavelmente tomará e as tenha encaixado entre os outros compromissos que compõem o seu dia. Não se trata apenas do reforço da confiança e da credibilidade que advém da realização do que se propôs fazer, embora isso não deva ser subestimado. Estimar as exigências de tempo de cada tarefa permite que você use os espaços disponíveis no seu dia de forma adequada. Se sobrar meia hora entre compromissos, é recomendável, sempre que possível, preencher essa lacuna com uma tarefa de meia hora. Descobrir que uma tarefa que você pensou que demoraria trinta minutos para realizar vai, na verdade, demorar uma hora pode fazer com que você gaste tempo redirecionando sua atenção quando eventualmente retomá-la.

Você nunca alcançará a perfeição na estimativa de tempo. As tarefas conterão imprevistos, e todos temos a tendência de superestimar o tempo necessário para completar aquelas que não nos agradam e a subestimar as que nos confortam. Porém, tomar um momento para pensar sobre o que está envolvido em uma tarefa antes de colocá-la em sua programação pode ajudar muito na gestão do seu dia de trabalho.

## Encaixe tarefas no dia

É provável que o seu dia seja composto por compromissos fixos — elementos regulares e programados — e flexíveis — tarefas da sua lista. Ao estimar o tempo aproximado para concluir esses afazeres, você pode então ter uma ideia de em que período do dia poderá encaixá-los. Não procure planejar rigidamente todo o seu dia com antecedência, e não gaste muito tempo no processo. Deve ser uma forma rápida e simples de dar forma e equilíbrio ao seu cotidiano, adaptando as tarefas às faixas horárias adequadas, e não um exercício burocrático. Blocos de meia hora são uma forma gerenciável de dividir o seu dia, embora para algumas tarefas menores você possa preferir pensar em blocos de quinze minutos. Agrupe várias tarefas menores — cinco ou seis ligações telefônicas, por exemplo — em um intervalo de meia hora. Permita um pouco de sobra em suas estimativas de tempo para algumas das inevitáveis ligações e interrupções. Recebemos um grande impulso de satisfação ao completar uma tarefa em menos tempo do que esperávamos, mas você também precisa manter a calma quando uma delas demorar mais do que o planejado. Acima de tudo, mantenha-se flexível e lide com o que quer que o dia coloque no seu caminho.

---

### Atividade — melhorar a precisão de agendamento

Se estimar o tempo necessário para completar uma tarefa não é uma de suas práticas atuais, comece definindo um prazo aproximado ao lado de cada item da sua lista de tarefas. Uma vez em andamento, monitore a precisão do seu planejamento por vários dias:

- Estime o tempo aproximado para cada tarefa da sua lista diária.
- Ao concluir a tarefa, anote o tempo real decorrido junto com a estimativa.
- Compare as diferenças ao longo do período de uma semana.

- Há algum padrão de superestimação ou subestimação?
- Há alguma razão para a imprecisão?
- O que você pode fazer para melhorar a precisão da sua estimativa?

## Procrastinando

Adiamentos são inevitáveis e necessários em uma vida ocupada, mas causamos estresse desnecessário e podemos reduzir muito nossa eficácia se nos envolvermos em procrastinação habitual. É um dos maiores problemas de gerenciamento de tempo para muitos de nós, e precisamos ver por que isso ocorre e o que podemos fazer a respeito.

A primeira coisa a se esclarecer é que a procrastinação não é apenas preguiça ou falta de determinação. Se você acha que esse hábito pode ser resolvido simplesmente com maior determinação, talvez se decepcione. Muitos procrastinadores descobrem que resoluções para esse problema podem funcionar por um tempo, mas então os maus hábitos voltam a se repetir. Para conseguirmos uma resposta mais duradoura para esta situação, é necessário, primeiro, compreender as razões que a originam. Estas podem ser complexas e variadas, e o espaço que tenho permite apenas que eu faça um breve esboço das possíveis causas. Vamos dar uma olhada em algumas das principais razões para a procrastinação, começando com as mais simples.

### Desgosto por tarefas específicas

A maioria de nós precisa realizar tarefas das quais não gosta muito. Quer se trate da organização geral do escritório, de manter as nossas finanças atualizadas ou de responder e-mails de rotina. Tendemos a adiar aquelas que consideramos chatas ou burocráticas até que não possam mais ser ignoradas. Nesta fase, concluir a tarefa pode ter se tornado um exercício cansativo, o que apenas serve para reforçar o sentimento de desagrado e para garantir que tarefas semelhantes também serão objeto de procrastinação no futuro.

## Capacidade de distração

A capacidade de se concentrar na tarefa em mãos sem recorrer a desvios autogerados é uma habilidade cada vez mais rara no mundo moderno. Sabemos com o que deveríamos estar gastando nosso tempo, e podemos até estar gostando de fazê-lo, mas, de repente, experimentamos uma resistência curiosa. Aproveitamo-nos de qualquer desculpa para direcionar nossa atenção para outro lugar — verificando caixas de e-mail, enviando mensagens de texto para amigos, navegando sem objetivo na internet ou mexendo nas redes sociais. Dizemos a nós mesmos que "vai levar apenas alguns minutos", mas uma vez que a interrupção é feita, ela leva a outra atividade de distração, e meia hora é desperdiçada em um piscar de olhos. Em nosso ambiente moderno, caracterizado por abundância de informações, multiplicidade de escolhas e imediatismo da comunicação eletrônica, as rotas de distração são muito mais presentes. Como consequência, a incidência de procrastinação parece aumentar. Em um estudo realizado na Universidade de Calgary, observou-se que a pontuação média de autoavaliação da tendência para a procrastinação aumentou 39 por cento nos últimos 25 anos. O autor do estudo, o professor Piers Steel, afirmou que "em toda história, nunca foi tão difícil se autodisciplinar quanto agora".

## Desejo de não ofender

Quando confrontados com pedidos de terceiros, a maioria de nós faz um esforço para ser educado e prestativo, mesmo quando diz respeito a uma tarefa que preferimos não ter que realizar, ou que não estamos preparados para executar. Uma resposta comum e bastante compreensível é concordar com o pedido, mas depois adiar a execução, resultando em estresse adicional e frustração para todos os envolvidos. Em tais circunstâncias, pode ser muito melhor adotar uma linha assertiva e negar logo no início. Vamos examinar como você pode fazer isso no capítulo 5.

## Avaliações de tempo excessivamente otimistas

Não medir com precisão a quantidade de tempo ou de trabalho necessário para concluir uma tarefa é um problema comum, que muitas vezes acompanha uma tarefa à qual podemos estar resistindo por outras razões. Uma consequência é que adiamos o início do processo para um ponto tal que o trabalho não pode ser realizado a tempo, ou a sua conclusão terá de ser apressada e inadequada.

## Medo de falhar

Essa é possivelmente a razão mais comum para a procrastinação e a menos provável de ser reconhecida. Muitas pessoas aparentemente bem-sucedidas e confiantes são atormentadas por um medo enraizado do fracasso ou de parecerem tolas aos olhos dos outros. Isto é, geralmente, resultado de experiências passadas, e inseguranças geradas na infância. A ansiedade sobre o fracasso leva a uma variedade de reações:

- Tornar algo catastrófico — prever o pior resultado possível de qualquer curso de ação proposto, e permitir que ele se torne uma razão para a inação.

- Fingir para nós mesmos — inventar boas razões pelas quais a atividade temida não deve ser realizada.

- Usar outras tarefas como distrações ou escudos para evitar que tenhamos de enfrentar aquelas que nos deixam ansiosos.

- Estabelecer metas extremamente ambiciosas que não têm nenhuma perspectiva realista de realização, mas nas quais o estigma do fracasso é muito menor do que seria para uma meta mais modesta. Se o indivíduo falhar, ele ou ela será capaz de se confortar sabendo que o alvo era praticamente impossível desde o início.

Para aqueles que temem o fracasso, a inação pode parecer uma opção mais segura do que a dor antecipada de não ter sucesso. Mas, quanto mais evitamos aquilo que nos deixa ansiosos, maior se torna o medo. A evasão inicial alivia nossa ansiedade, e isso nos leva a empregar a mesma estratégia na próxima vez que uma situação semelhante se apresenta. Ao evitar as coisas que nos deixam ansiosos, não nos damos a oportunidade de testar a validade de nossos medos, então os exageros e as distorções são reforçados. Com cada incidência de evasão, torna-se mais difícil enfrentar aquilo de que temos medo. O telefonema difícil, a reunião de confronto ou o projeto complicado que repetidamente adiamos e com o qual nos preocupamos torna-se quase impossível de contemplar. Ficamos presos numa espiral.

## Perfeccionismo

Você pode se surpreender ao encontrar "perfeccionismo" em uma lista de razões para a procrastinação. Certamente uma pessoa perfeccionista vai se esforçar para garantir que suas tarefas sejam concluídas de maneira oportuna e eficaz. Indubitavelmente, há aqueles bem-sucedidos, mas, para muitos, o inverso é verdadeiro. Pessoas com tendência para o perfeccionismo, frequentemente, colocam exigências absurdas sobre si mesmas e definem um patamar muito alto, mas depois enrolam na realização de tarefas. Existe um sentimento subjacente de que, se os padrões estabelecidos não forem alcançados, o indivíduo perderá valor. A procrastinação, portanto, torna-se uma ferramenta para evitar confrontos desagradáveis com a realidade. Quando uma tarefa é adiada ao ponto de a conclusão ter que ser apressada e imperfeita, o perfeccionista é capaz de evitar julgamentos desconfortáveis com desculpas como: "Eu poderia ter feito muito melhor se tivesse começado mais cedo".

Essas são apenas algumas das razões pelas quais as pessoas procrastinam. Se você é alguém cuja organização pessoal é prejudicada por esse hábito, e muitos de nós somos, precisará prestar atenção ao motivo pelo qual isso ocorre. Tal como acontece com a maioria dos problemas, reconhecer sua existência é o primeiro passo para superá-lo. Reflita se você tem a tendência de enganar a si mesmo. Observe-se durante seu dia a dia e procure sinais de resistência a tarefas específicas. Pergunte-se quais são as razões. Uma vez identificada a(s) razão(ões), será mais fácil selecionar as estratégias apropriadas para superar o problema.

## *Estratégias para vencer a procrastinação*

Mais uma vez, a quantidade de espaço que posso dedicar à resolução deste problema é limitada, mas o que vem a seguir é um conjunto conciso de dez abordagens que você pode achar úteis para acabar com este que é um dos mais teimosos hábitos.

### 1. Não tenha medo do medo

Reconheça que não há problema em ser ansioso(a). Os medos pioram para muitos de nós porque tememos a própria sensação de medo. Não queremos nos colocar em situações em que vamos encontrar esse sentimento de apreensão e desconforto, e por isso nos apegamos às coisas que sabemos que não nos colocarão em perigo. Mas as experiências que nos amedrontam podem também nos oferecer as maiores sensações de conquista e realização, e a apreensão que sentimos antes de embarcarmos nelas deve nos preparar para darmos o nosso melhor. A maioria dos artistas e atletas afirmarão que certo grau de medo é um pré-requisito para um ótimo desempenho. É uma questão de resposta proporcional — um nível de apreensão que realça o melhor que temos a oferecer e não nos leva à fuga e à paralisia.

Reconheça também que foi você quem criou esses medos e ansiedades, e que eles não existem em outro lugar que não seja dentro da sua cabeça. Então, aproprie-se deles e reconheça que o que você criou, você pode superar. Uma vez que esta mudança de atitude seja alcançada, é mais difícil inventar desculpas ou ver suas ansiedades como bloqueios intransponíveis. Enfrentá-los torna-se uma questão de motivação e não de capacidade.

### 2. Saiba equilibrar a dor

A perspectiva de realizar as tarefas que você está evitando envolve um elemento de dor antecipada, mas não as fazer envolve dor real. O problema é que, enquanto a primeira é encarada como um grande golpe — que se agrava à medida que a tarefa é adiada —, a segunda surge sob a forma de uma irritação leve e constante. Você precisa ajustar o equilíbrio entre as duas, para que a dor de não fazer a tarefa supere a antecipada. Você pode conseguir isso delimitando claramente as consequências desse adiamento em termos de perda de controle sobre a sua vida, introduzindo punições em caso do não cumprimento das tarefas, assumindo um compromisso público ou abrindo-se à possibilidade de ser responsabilizado(a) pela execução de determinadas atividades. Anote a frequência com que as tarefas que você evita são, na verdade, menos assustadoras do que o esperado. Use esse conhecimento como referência para ajudá-lo(a) a superar ansiedades futuras.

Da mesma forma, aborde o lado prazeroso da equação. Que prazer lhe dá a procrastinação? A resposta, geralmente, é nenhum. Como você se sentirá se cumprir as tarefas a que está resistindo atualmente? Concentre-se no fim de uma semana em que você alcançou tudo o que você se propôs a fazer, e visualize como será a conclusão.

### 3. Dê a si mesmo(a) mensagens positivas

Temos uma tendência ruim de nos alimentarmos de mensagens negativas quando estamos em situações que nos deixam ansiosos ou com medo. A perspectiva de enfrentar seus temores torna-se esmagadora se você estiver enchendo sua cabeça com afirmações como "nunca vou conseguir fazer isso", "é muito assustador" ou "vale mais a pena desistir agora". É mais importante abordar as atividades temidas em um estado de espírito positivo. Se você acha que não consegue fazer isso, então não consegue. Mas assim como os pensamentos negativos diminuem sua capacidade de agir, as afirmações positivas podem impulsioná-lo. Escolha algumas declarações otimistas e construtivas e ensaie-as mentalmente quando precisar fortalecer sua determinação.

### 4. Use visualização

A visualização permite que você ensaie, de forma relaxada e controlada, uma situação que possivelmente gerará ansiedade. É uma técnica mais conhecida na área desportiva, mas pode aplicar-se a outras formas de esforço humano. Imaginar-se tendo sucesso nos próximos desafios serve para remover as limitações psicológicas que você colocou em si mesmo(a) — até porque foi provado que, durante o ensaio mental, dois terços da atividade cerebral são iguais a quando a atividade é realizada de verdade. Somos capazes de abordar uma ação que visualizamos com uma atitude muito semelhante àquela que vem de uma experiência anterior bem-sucedida.

Vejamos um exemplo típico de uma situação em que a visualização pode ajudar. Uma reunião complicada com uma pessoa rigorosa na qual você tem que justificar suas ações ou administrar uma repreensão. Antes de começar, certifique-se de que está totalmente relaxado(a) e sem distrações ou pensamentos estranhos. Durante a visualização, ensaie mentalmente todos os aspectos da entrevista — linguagem corporal confiante, contato visual, tom da voz, quais palavras usará. Imagine-se lidando com a situação com sucesso e assertivamente, mas não ignore a ansiedade que o acompanharia normalmente em uma reunião desse tipo. Sinta-a, mas visualize a si mesmo(a) superando-a — permanecendo relaxado e no controle — e reconheça o aumento na autoestima que vem com seu desempenho garantido.

Lembre-se que a visualização é um complemento e não um substituto para outras preparações, além de não ser um meio para alcançar coisas que simplesmente estão acima do seu nível de habilidade. Se possível, execute uma mesma visualização várias vezes para que haja uma diferença real. Se algum elemento negativo entrar em cena, afaste-o, sem permitir que a raiva e a frustração se desenvolvam.

## 5. Inverta a ordem

Não permita que as tarefas adiadas ganhem força e se tornem ainda mais difíceis de resolver. Organize sua lista de coisas a fazer com os afazeres menos atraentes no topo da lista e os que você mais gosta, no fim. Enfrente essa relação em ordem; você não só ficará aliviado por superar desafios, mas também será recompensado com tarefas sucessivamente mais atraentes à medida que avança na lista.

## 6. Assuma compromissos firmes

Como mencionado na seção sobre objetivos, você deve sempre garantir que o que se propôs a fazer seja alcançável. Qualquer coisa que faça parte da sua lista de tarefas deve ser um compromisso firme, e não apenas uma intenção vaga. Para começar, mantenha a lista curta e reveja o que conseguiu no final de cada dia e de cada semana.

Quando decidir resolver algo que pode estar inclinado a adiar, prossiga com a tarefa o mais rápido possível. Quanto mais você a ignorar, mais tempo vai gastar com desculpas para não conclui-la. Quando não for possível iniciar a atividade imediatamente, faça algo que gere compromisso — estabeleça uma reunião ou marque um horário para lidar com ela.

## 7. Programe tarefas

Começar a enfrentar tarefas das quais você não gosta ou às quais está resistindo exige grande energia mental, e muitas vezes essa energia é desproporcional à importância da tarefa. Você pode reduzir esse desequilíbrio se tomar medidas que ritualizem tarefas recorrentes que são tediosas, incluindo-as em horários definidos em sua programação até que se tornem rotinas incorporadas que demandam pouca energia mental. No próximo capítulo, procuraremos mobilizar um pouco mais o poder do hábito.

## 8. Faça pausas controladas

Enfrente o tédio e a perda de foco permitindo-se pequenas pausas controladas em horários predeterminados, ou quando certa parte de uma tarefa tiver sido completada, mas mantenha sua disciplina para garantir que as pausas não se tornem uma distração. Se você precisar de ajuda com isso, existem vários aplicativos para celular e computador que podem ser configurados para lembrá-lo de quando fazer uma pausa e de quando voltar ao trabalho. Alguns deles serão mencionadas no capítulo 8. Para outros exemplos, tente introduzir palavras como "lembrete de pausa" em um site de buscas.

## 9. Registre sucessos

É muito importante manter o senso de realização ao resolver com sucesso tarefas que estávamos resistindo. Lembre-se de como é diferente do alívio temporário da fuga. Observe também como as situações raramente se tornam tão difíceis quanto você achava que seriam. Manter um diário pode parecer uma atividade banal, mas é um meio extremamente valioso de traçar uma rota por questões difíceis, rever o seu progresso e dar a si mesmo(a) um reforço positivo por um trabalho bem feito. Também pode ser um recurso valioso caso problemas semelhantes se repitam.

## 10. Facilite

Em vez de trabalhar em todas as tarefas de forma linear, procure um ponto de entrada fácil para aquelas que você não tem certeza de como começar. O importante é dar o primeiro passo.

Pequenas explosões de atividade concentrada — de cinco minutos a uma hora — podem funcionar como uma forma de superar a inércia. Elas servem para superar o obstáculo psicológico colocado por uma tarefa difícil ou assustadora. Você pode se surpreender com quanto pode alcançar em apenas alguns minutos, e se for aos poucos diminuindo o tamanho da tarefa dessa maneira, de repente ela não será mais tão assustadora e você começará a alcançar o impulso necessário para concluí-la.

Da mesma forma, divida atividades grandes e complicadas em pedaços digeríveis para que pareçam menos espantosos.

---

### Atividade — pergunte a si mesmo(a)

1. Quais são os tipos de tarefas sobre as quais estou inclinado(a) a procrastinar? (Liste todos)
2. Quais das razões identificadas para a procrastinação se aplicam no meu caso?

- Não gostar de tarefas específicas
- Tendência à distração
- Desejo de não ofender
- Avaliações de tempo muito otimistas
- Medo de falhar
- Perfeccionismo
- Outra

**3** Qual das dez estratégias para lidar com a procrastinação seria útil aplicar?

- Lidar com medo e ansiedade
- Conseguir um equilíbrio para o sofrimento
- Produzir mensagens positivas
- Visualizar
- Inverter a ordem
- Assumir compromissos firmes
- Programar tarefas recorrentes
- Agendar pausas
- Registrar sucessos
- Facilitar processo

Formule objetivos quando apropriado, e digite-os na seção "se organize" da sua lista principal.

## Cumprindo prazos

Há cinco razões principais para um prazo não ser cumprido:

- O prazo é, desde o princípio, irrealista.
- O prazo foi planejado inadequadamente.

- A pessoa responsável pelo cumprimento do prazo não consegue iniciar a tarefa.
- A pessoa responsável pelo cumprimento do prazo é desiludida por outras.
- A pessoa responsável pelo cumprimento do prazo dedica mais tempo à tarefa do que o necessário.

## Lidar com prazos irrealistas

O melhor momento para combater um prazo irrealista é quando ele está sendo fixado. Se você acha que está sendo convidado(a) a trabalhar dentro de um período que não é viável, mostre que você pensou na escala de tempo em vez de simplesmente rejeitar a proposta prontamente. Adote uma atitude positiva de resolução de problemas, estabeleça as etapas que terão de ser finalizadas para que o prazo seja cumprido, e explore formas de superar a dificuldade — tais como recursos adicionais que o(a) ajudem a cumprir com a data exigida — ou a possibilidade de o prazo ser reconsiderado. Infelizmente, os prazos são estabelecidos em uma situação de trabalho perfeita, e, embora o cronograma para um projeto possa parecer razoável quando visto isoladamente, há chances de que ele confronte outras tarefas que também tenham vencimentos próximos. Uma tática que você pode adotar com a pessoa que fixa as datas é perguntar a ela sobre prioridades e sobre um possível remanejamento de prazos. Lembre-se também de que alguns deles menos realistas são aqueles que estabelecemos para nós próprios. Da mesma forma que amontoamos atividades demais nas nossas listas diárias, também superestimamos o que seremos capazes de alcançar nas semanas e ou nos meses que se seguem.

Em algumas circunstâncias, pode haver prazos que são irrealistas, mas não sujeitos a influência. Podem resultar de exigências de órgãos externos, reguladores ou clientes. Se for afetado, a única solução é atender às outras demandas de seu tempo para liberar o espaço que permitirá que o prazo seja cumprido. Mais uma vez, é essencial que você faça isso cedo o suficiente para que haja diferença.

Antes de começar a trabalhar, certifique-se de que está completamente claro o que está sendo exigido de você, que recursos tem à sua disposição e a que apoio adicional você pode recorrer, se necessário. A incapacidade de lidar com estas questões é uma causa frequente do não cumprimento de prazos.

## Planejando o cumprimento do seu prazo

Certo, você aceitou o prazo; então, precisa planejar sua implementação. Divida a tarefa ou o projeto em uma série de etapas que o levarão a uma conclusão bem-sucedida e tente estimar o tempo que cada uma delas levará. Calcule o número de dias úteis entre o início e a data de conclusão e pergunte-se o que você vai precisar fazer a cada semana (ou a cada dia, se estiver lidando com um prazo curto) a fim de ter sucesso. Preveja uma margem de manobra levando em conta acontecimentos e atrasos inesperados e certifique-se de que, ao estimar o tempo necessário para cada etapa, você considerou os outros compromissos que implicam uma mobilização do seu tempo.

Conforme você trabalha para a conclusão do seu projeto, use o ponto de chegada de cada etapa como um marco — um ponto no qual você pode monitorar seu progresso e garantir que esteja no caminho certo. Use-os também para dar a si mesmo(a) o reforço positivo necessário para manter a motivação. Se, em algum momento, conseguir se antecipar ao esquema que montou, resista à tentação de se descuidar. Use o tempo que ganhou para gerar flexibilidade adicional no fim da empreitada. Os elementos de arrumação são os mais suscetíveis de serem subestimados.

## Incapacidade de começar o trabalho

Esta tendência frequentemente acompanha um mau planejamento. Pode ser que você não tenha certeza de que tem todas as informações que precisa para começar a trabalhar, ou apenas que a data de término parece longe demais. Você se convence de que tem muito tempo e que começará a trabalhar em um ou dois dias. As pessoas muitas vezes procrastinam sobre o início de um projeto porque não têm confiança na sua capacidade de ter sucesso, ou não sabem por onde iniciar. Se for afetado(a) por isso, deixe de lado as preocupações de enfrentar a tarefa do início e escolha qualquer ponto que pareça ser o mais simples. O impulso que você ganha ao pegar atalhos compensará quaisquer ineficiências resultantes de ter realizado a tarefa fora de ordem.

## Evite ser decepcionado(a) por outras pessoas

Muitas vezes, a conclusão de um projeto ou de uma tarefa não estará inteiramente em suas mãos, e você vai depender do trabalho de outras pessoas para cumprir seu prazo. Mais uma vez, um bom planejamento é a chave para garantir que terceiros não sejam um problema para você. Reconheça que eles terão suas próprias prioridades, e que, provavelmente, elas serão diferentes das suas. Deixe-os saber com bastante antecedência do que você precisa e qual é a data limite. Informe o prazo alguns dias antes do verdadeiro dia, para que qualquer relaxamento por parte dos outros não prejudique sua programação. Torne as suas exigências tão claras quanto possível, de modo a evitar qualquer interpretação incorreta.

## Não exagere na busca da perfeição

Essa é, muitas vezes, uma característica que sinaliza falta de confiança. Pode ser uma questão de pesquisa ou de busca por informações desproporcional por parte da pessoa que a realiza que faz com que ela não consiga ver o todo por se apegar a detalhes. Ou pode ser a relutância em abandonar o projeto, afinando e polindo-o persistentemente com o objetivo de produzir o trabalho perfeito. Você precisa evitar essas duas tendências e reconhecer quando o esforço adicional não produz um retorno proporcional.

## Atividade — pergunte a si mesmo(a)

- Com que prazos difíceis me deparei recentemente?
- Quais foram as razões da dificuldade?
- Como eu preciso mudar a minha forma de trabalhar para resolver esses problemas no futuro?

Estabeleça objetivos conforme apropriado e os insira na sua lista mestre.

## Resumo

Se você pretende organizar seu tempo de forma mais eficaz, preste atenção no seguinte:

- esteja ciente da forma como o seu tempo é gasto;
- seja capaz de planejar sua atividade ao longo de diferentes períodos de tempo;
- selecione as ferramentas de acompanhamento que funcionam para você;
- estime o tempo necessário para concluir as tarefas;
- trabalhe para reduzir a procrastinação;
- adote uma abordagem organizada em relação ao cumprimento dos prazos.

# 3
# Compreenda a forma como você trabalha

Depois de planejar e priorizar seu trabalho e tomar medidas para gerenciar seu tempo, o próximo ponto a se considerar é a maneira como você o define. Neste capítulo, examinaremos quatro maneiras de abordar as tarefas que podem melhorar muito a sua eficácia: agendar tarefas em momentos apropriados, trabalhar em pequenas explosões para manter a concentração, mobilizar o poder do hábito e lidar com decisões.

## Programe tarefas em momentos apropriados

É provável que a sua carga de trabalho consista em uma variedade de tarefas diferentes. Você terá jurisdição limitada sobre quando executar aquelas que dependem da disponibilidade de outros, mas para a maioria haverá alguma flexibilidade de tempo. Em geral, as tarefas podem ser divididas em três grandes grupos:

- *tarefas de manutenção*: são as ações de rotina essenciais para que você continue funcionando corretamente, mantenha-se informado(a), lide com o fluxo de entrada e saída de informações, organize seu espaço de trabalho e realize sua rotina de correspondência;
- *tarefas relacionadas a pessoas*: são ações como negociação, participação em reuniões, persuasão, revisão de desempenho, *networking*, resolução de problemas ou reclamações, apresentação, treinamento e entrevistas;

- *tarefas criativas, de planejamento e de resolução de problemas*: são ações como preparação de planos e apresentação de projetos, produção de relatórios, análise de informações e conclusões, busca de soluções para problemas e geração de novas idéias.

Estes são apenas alguns exemplos. Dependendo da natureza do seu trabalho, haverá outros mais apropriados.

## Reconheça as exigências de diferentes tarefas

De um modo geral, as tarefas de manutenção são as mais exigentes em termos de energia. Mais adiante neste capítulo, veremos quantas delas podem se tornar ainda menos exigentes aproveitando o poder do hábito. Tarefas criativas, de planejamento e de resolução de problemas normalmente requerem a maior quantidade de atenção e blocos maiores de tempo, devido à necessidade de se preparar antes de conseguir fazer progressos significativos. As relacionadas a pessoas podem ter longa ou curta duração, mas são, geralmente, as que mais exigem energia emocional. Aquelas que podem envolver um elemento de confronto são particularmente desgastantes. Se você tem várias dessas tarefas, tente enfrentá-las juntas — uma após a outra. A motivação que você constrói para enfrentar o primeiro desafio ajuda a realizar os seguintes e, em geral, você vai achá-los menos cansativos emocionalmente do que se tiver que se preparar para cada um individualmente.

Estamos todos familiarizados com a ideia de um relógio biológico que regula o sono e a vigília. Qualquer pessoa que já tenha trabalhado em um turno da noite ou atravessado fusos horários testemunhará o estrago causado pela sua interrupção. Mas damos muito menos atenção aos altos e baixos da capacidade de se manter alerta que ocorrem enquanto estamos acordados, e que variam de um indivíduo para outro. Nem é preciso dizer que os ciclos de alerta no seu dia podem ter um efeito potente no desempenho, e compensa programar suas tarefas mais exigentes para quando for mais fácil lidar com elas.

## Quais são os seus melhores momentos?

Estamos habituados a descrever-nos em termos gerais: "Sou uma pessoa diurna", "Faço o meu melhor trabalho à noite", mas você já olhou para os seus padrões de trabalho em termos menos superficiais? Você pode estar preso(a) a uma forma de trabalhar que não é adequada aos seus ritmos corporais porque tem dificuldade em organizar o seu dia. Você pode supor, por exemplo, que planeja e soluciona problemas melhor à noite, quando, na verdade, essas tarefas foram espremidas no final do dia porque você achou impossível concentrar-se nelas em meio às distrações e interrupções das horas usuais de trabalho. Se, como resultado de uma melhor organização, você for capaz de lidar mais eficazmente com as interrupções, pode querer rever suas suposições sobre os melhores momentos para assumir tarefas específicas.

Sugiro que comece fazendo algumas experiências ao longo de uma ou duas semanas. Tente mover tarefas de quando você habitualmente as realiza e avalie os resultados de seu desempenho. Muitos de nós iniciam o expediente verificando e respondendo a e-mails e, dado o volume rotineiramente encontrado nos escritórios, esta tarefa pode ocupar uma parte significativa do dia. No entanto, o e-mail é muitas vezes uma tarefa de manutenção de baixa demanda, e lidar com a caixa de entrada frequentemente oferece apenas um progresso limitado das coisas que importam. Usar momentos de alta energia no início do seu dia de trabalho para lidar com tarefas mais exigentes e deixar o e-mail para depois (para pouco antes do almoço, talvez) pode resultar em melhorias tanto na qualidade do seu trabalho como na sua produção.

Se houver pessoas ou algum problema a ser solucionado que possam pesar em sua mente e distraí-lo(a) de outras atividades no decorrer do dia, tente encaixá-los no início, para que, depois, esteja livre de sua influência distrativa.

No ambiente de trabalho puxado de hoje, muitos de nós se tornam corujas noturnas, escolhendo terminar uma ou duas tarefas pouco antes de ir para a cama. Se este é o seu hábito, e receio que muitas vezes tenha sido o meu ao longo dos anos, então, pelo menos, garanta que tais tarefas não exijam que você se sente em frente a uma tela de computador, ou que vá deixá-lo(a) superestimulado mentalmente. Já foi comprovado que ambos prejudicam a boa qualidade do sono, o que tem um impacto inegável na sua produtividade no dia seguinte.

**Tabela 3.1**  Mudando tarefas de horário

| | Tarefa | Horário habitual (AM/PM) | Novo horário (AM/PM) | Conclusões |
|---|---|---|---|---|
| 1 | | | | |
| 2 | | | | |
| 3 | | | | |
| 4 | | | | |
| 5 | | | | |

Não olhe apenas para os altos e baixos da manhã e fim da tarde, mas considere picos de energia que possam ser explorados em outros momentos do dia — no início da tarde, por exemplo.

Depois de experimentar por algumas semanas, avalie os resultados e veja se há algum padrão de atividade que justifique mudanças. Faça ajustes em sua programação e observe quaisquer melhorias no desempenho.

Um modelo simples como o da Tabela 3.1 pode ajudá-lo a avaliar os benefícios de mudar o horário de algumas tarefas.

## Por que nem sempre podemos confiar nos mesmos ritmos corporais

Seu padrão normal de picos de energia é um bom guia para programar suas tarefas mais exigentes, mas não o considere infalível. Nos dias em que você não estiver se sentindo muito bem, ou no fim de uma semana exaustiva, pode não haver picos de energia significativos, e qualquer tipo de atividade exige esforço. Se você puder escolher, não realize uma tarefa difícil que não está funcionando para você. Nessas circunstâncias, é improvável que você se dê bem. É muito melhor mudar para uma tarefa de manutenção mais rotineira e retornar à tarefa mais difícil quando você estiver descansado(a) e reenergizado(a). Porém, tome cuidado para não usar esses momentos como uma desculpa para procrastinar.

Por outro lado, quando as coisas estão indo bem, não pare só porque você atingiu a meta do dia. Se tiver energia e criatividade para gastar e uma tarefa estiver fluindo, vá em frente. Mantenha os seus horários flexíveis e esteja preparado(a) para ouvir o seu corpo.

## Ajuste a tarefa ao tempo disponível

Há algumas tarefas que você só pode realizar se tiver bastante tempo — você precisa reunir recursos, ter o estado de espírito correto e certificar-se de que está livre de interrupções. Em outras tarefas, você pode mergulhar e sair mais rapidamente. Não perca tempo tentando se preparar para uma tarefa de longa duração quando você tem apenas um pequeno espaço de tempo disponível. Retenha algumas tarefas de retorno rápido, como pequenas, mas essenciais, tarefas administrativas ou respostas necessárias a e-mails de rotina, para momentos em que alguém está atrasado(a) para um compromisso, quando uma reunião não começa a tempo, ou para quando você está esperando pelo metrô.

## Mantenha a concentração e a motivação

A nossa capacidade de concentração varia de acordo com a natureza da tarefa, a hora do dia e o grau de distração, mas, mesmo na melhor das hipóteses, ela é finita. Ao abordar tarefas longas e mentalmente exaustivas, precisamos de marcos e intervalos que nos permitam manter o foco. Mas como já notamos, é fácil cair em hábitos desorganizados, em que as pausas se tornam diversões com um impulso próprio.

**Como se organizar**

Negocie com sucesso o seu caminho por meio de tarefas longas adotando as seguintes regras:

1. Examine a tarefa em mãos. O que você pretende alcançar e a que nível? Qual é o cronograma do trabalho como um todo, e como você pode dividi-lo em atividades menores? Mesmo que você esteja sob pressão significativa de prazo, vale a pena gastar um pouco de tempo abordando esses pontos. Quando você começar a trabalhar na tarefa, será com maior clareza e sentido de propósito.

2. Estabeleça uma lista de metas claras e cronometradas, cada uma com um desafio que seja exigente, mas alcançável. Uma abordagem popular sustenta que um período de 25 minutos de atividade seguido de uma pausa de cinco minutos oferece a melhor fórmula para manter a concentração e a motivação, mas sugiro que você varie essas pausas de acordo com a tarefa e com seus níveis de energia. Um período de trinta a sessenta minutos para cada meta é geralmente o mais viável. Talvez você consiga se concentrar em certas tarefas por um período mais longo, mas a menos que tenha atingido o estado espontâneo mas altamente produtivo conhecido como *"flow"* (que pode ser traduzido como "fluxo"), é provável que a atenção diminua após esse período. Um desafio difícil a ser alcançado em uma hora é menos assustador do que um que você espera de demore duas horas, e é menos provável que você se dê muitas folgas. É possível disparar através de uma tarefa durante esse período e alcançar mais do que você pensava ser possível.

3. Cronometrar o tempo necessário para atingir o objetivo é importante para uma abordagem disciplinada de trabalho, mas priorize a realização da sua tarefa em vez de manter rigidamente a programação de tempo. Se você conseguir realizá-la em menos tempo do que esperava, ótimo — parabenize-se. Se demorar um pouco mais do que pensava, então foque nela até à conclusão. Somente se um elemento de tarefa estiver demorando muito mais do que o previsto ou se você entrar em uma rua sem saída é que deve

reavaliar suas expectativas. Em tal situação, você pode definir uma meta menor a ser alcançada dentro do período escolhido, ou procurar uma maneira de ultrapassar o obstáculo que bloqueou o seu progresso — talvez buscando uma abordagem diferente ou focando em outra parte da tarefa, retornando à área problemática mais tarde. Não permita que um problema inesperado seja uma desculpa para parar de trabalhar.

4   Ao completar cada meta, antes de fazer uma pausa, defina a sua próxima atividade e considere como pretende abordá-la. Dessa forma, você voltará a um trabalho já em curso e o esforço de reorientação será significativamente menor.

5   Certo, agora você pode fazer aquele intervalo. Apenas alguns minutos fazendo algo diferente é suficiente. Pode ser uma oportunidade para esticar as pernas ou relaxar os olhos após muito tempo usando o computador, realizar uma fácil tarefa de manutenção ou dar um telefonema pouco exigente. O que importa é que seja diferente da atividade em que você estava envolvido(a) previamente, e você não deve permitir que ela se transforme em uma longa distração. Se surgirem questões suplementares, insira todas em sua lista de tarefas e regresse à atividade principal.

## Mobilize o poder do hábito

Você tem uma quantidade finita de energia a cada dia e quer ser capaz de gastá-la da forma mais produtiva possível. Mas é bastante provável que tarefas triviais e que desperdiçam tempo estejam esgotando seus recursos e impedindo que você avance com projetos maiores que requerem concentração e esforço contínuos. Alistando o poder do hábito, você pode liberar a energia que precisa para dedicar às tarefas intensivas que realmente farão diferença na sua eficácia. Se você se orgulha de trazer um elemento de criatividade ao seu trabalho e tem uma antipatia instintiva por qualquer coisa que queira transformar você em uma criatura de hábitos, console-se em saber que ter alguns hábitos e uma rotina pode lhe dar mais energia para ser criativo(a) quando desejado. Rotinas também são valiosas por nos ajudarem a lidar com tarefas chatas que estamos inclinados a adiar.

Considere aspectos da sua rotina pela manhã — escovar os dentes, por exemplo. Essas atividades se tornaram enraizadas; são parte da maneira como você começa o dia. Seus pensamentos estão em outro lugar enquanto você está fazendo isso — ouvindo o jornal ou planejando seu dia —, e você não se preocupa com a atividade em si. Elas não exigem energia mental. Há tarefas no seu dia de trabalho que podem ser transformadas em atividades equivalentes a escovar os dentes. Talvez elas não permitam exatamente o mesmo nível de distanciamento mental, mas são tarefas que atualmente consomem energia desnecessária. Elas competem com todas as outras exigências por um lugar em sua agenda ocupada — você tem que decidir quando realizá-las, e se preocupar quando elas não forem feitas.

Várias das tarefas organizacionais gerais caracterizadas neste livro podem, facilmente, tornarem-se hábitos que fazem parte da sua rotina. Elas incluem:

- atualizar o seu cronograma do dia ou da semana seguinte (capítulo 2);
- lidar com informações recebidas (capítulo 4);
- manter o seu espaço de trabalho limpo e organizado (capítulo 6);
- realizar o arquivamento de rotina e limpar seus arquivos de computador (capítulo 7).

Haverá outras tarefas específicas do seu trabalho que podem ser incluídas nessa lista. Por outro lado, os hábitos positivos que podem libertar nossa energia para uma atividade mais importante são os atuais hábitos de trabalho negativos que nos condenam à ineficácia.

## Estudo de caso

Frances Craig é um exemplo clássico de alguém cujos hábitos de trabalho limitam sua eficácia. Ela trabalha em meio a uma confusão avassaladora e perturbadora, tanto física quanto virtual. Ela não só perde tempo procurando coisas entre as pilhas desorganizadas de material em seu escritório como seu hábito de não lidar com e-mails de forma eficaz e de tentar uma abordagem multitarefa significa que problemas semelhantes afetam seu trabalho no computador. Ela sabe que, com mais disciplina, poderia fechar um negócio de forma mais eficiente, e se envolve em expurgos periódicos de material impresso e e-mails acumulados durante os quais comunicações importantes correm o risco de irem parar no lixo; mas até hoje ela não conseguiu criar hábitos regulares que lhe permitam localizar informações rapidamente e se concentrar em uma questão de cada vez.

## O que fixa hábitos?

Os hábitos, positivos ou negativos, são fixados pela repetição e pelo reforço. Todos estamos conscientes do papel que a repetição desempenha na sua formação, mas muitas vezes não conseguimos persistir por tempo suficiente para tornar uma nova rotina automática. Também temos que lembrar que a repetição só funcionará se for acompanhada de reforço.

Esse *reforço* pode ser positivo ou negativo. Exemplos frequentemente negligenciados de reforço positivo incluem uma parabenização (mesmo que venha de si mesmo) ou simplesmente a motivação que ganhamos ao riscar um item de nossa lista de tarefas. O reforço negativo pode vir sob a forma de desconforto indesejado. Alguns reforços são mais fortes que outros. Aqueles que são claros e imediatos tendem a ter mais efeito do que aqueles que são vagos e distantes. No caso de Frances e de seus hábitos, as consequências de qualquer forma distinta de comportamento são vagas e indefinidas quando comparadas ao reforço imediato proporcionado pelo seu atual hábito de trabalho, que ela acredita ser uma capacidade de passar rápida e facilmente de um trabalho para outro com o mínimo de tempo de preparação ou para espairecer. Para mudar seu comportamento, ela precisa fazer uma conexão deliberada entre os diferentes hábitos e suas consequências, e trabalhar para criar um reforço toda vez que exibir o comportamento desejado.

Os hábitos também são reforçados por seu ambiente — incluindo suas próprias atitudes e percepções de si mesmo(a), aqueles próximos de você e a cultura predominante em seu local de trabalho. A visão de Frances de si mesma como uma pessoa ocupada e criativa faz parte dos antecedentes de seu comportamento, assim como sua tendência organizacional de ver a abordagem multitarefa como uma característica a ser aplaudida.

Decidir que você vai introduzir uma nova rotina ao seu dia de trabalho não é garantia de sucesso. Você precisa lidar com o ambiente em que o seu atual comportamento floresce, e trabalhar para nutrir e reforçar os hábitos desejados até que eles se tornem automáticos. Não acontecerá imediatamente, mas o resultado final fará essa persistência valer a pena.

> ### Atividade — pergunte a si mesmo(a)
>
> - Quais dos meus hábitos de trabalho contribuem para um desempenho eficaz?
> - Quais dos meus hábitos de trabalho limitam um desempenho efetivo?
> - Que novos hábitos eu poderia desenvolver para melhorar o meu desempenho?
>
> Se você achar esta tarefa difícil, pode ajudar observar seus hábitos de trabalho por alguns dias e então voltar a ela.

## Dicas para mudar seus hábitos

1. Comece a pensar em termos positivos sobre o hábito que você quer desenvolver. Associe-o a resultados desejáveis — a possibilidade de liberar tempo e energia para atividades criativas e agradáveis, por exemplo — em vez de se concentrar na natureza chata e banal da tarefa em si.

2. Da mesma forma, associe novos hábitos com aspectos positivos da sua autoimagem. Eles são parte essencial da sua criatividade e da sua capacidade de decisão, e não de uma rotina que evidencia suas características burocráticas.

3. Mude o ambiente onde os hábitos que você deseja mudar florescem. Por exemplo, coincida uma mudança na organização da sua mesa com uma limpa geral no seu espaço de trabalho.

4. Procure substituir maus hábitos de trabalho por outros que tenham impacto benéfico. Por exemplo, se o estresse no local de trabalho o levar a distrações desnecessárias, como mexer nas redes sociais ou navegar na internet sem objetivos, tente alternativas que estejam diretamente ligadas com a origem do problema. Alguns minutos gastos em relaxamento ou exercícios respiratórios, melhorar sua atenção ou simplesmente afastar-se do computador e esticar as pernas podem permitir-lhe voltar à sua tarefa principal com foco e energia renovados.

5. Lembre-se que o reforço positivo imediato é o que fixa novos hábitos. Isso pode acontecer ao se riscar um item da lista de tarefas, recompensando-se com algo desejável (agora eu posso ir para casa, agora eu posso ir para o almoço), ou simplesmente parabenizando-se por uma tarefa concluída. Dê a si mesmo(a) um reforço positivo imediato cada vez que realizar esse novo hábito.

6. Insira quaisquer novas rotinas em horários importantes no seu dia de trabalho. Ao chegar, antes do almoço, imediatamente depois do almoço e até logo antes de ir para casa. Associá-las

a pontos de referência constantes torna-as menos suscetíveis a serem negligenciados.

7   Continue a reforçar e acompanhar o novo comportamento até sua consolidação. Inclua o novo hábito de trabalho na sua lista diária de tarefas durante várias semanas e se parabenize por se manter fiel a ele.

8   Encontre formas de fornecer lembretes para os novos hábitos que não ocorrerão diariamente. Se você usar um meio eletrônico para gerenciar seus compromissos, pode empregar o recurso de agendamento recorrente para avisá-lo(a) nos momentos apropriados.

9   Use listas de verificação, formulários e modelos para reduzir o esforço mental envolvido na realização de tarefas de rotina.

10  Não tente fazer muita coisa ao mesmo tempo. Fique satisfeito(a) com o processo gradual, alimentando novos hábitos, até que esteja convencido(a) de que eles estão estabelecidos, antes de focar em outra coisa.

## Organize sua tomada de decisão

Decisões vêm, inevitavelmente, antes das ações. Se você é indeciso(a) ou é ruim em tomar decisões, isso terá um efeito sobre a qualidade da sua organização pessoal. E se você está se preocupando com decisões que não precisam ser tomadas ou que poderiam ser delegadas a outra pessoa, terá menos tempo e energia para as coisas que importam.

Precisamos tomar decisões todos os dias. Muitas são tão rotineiras que se tornaram habituais, exigindo pouco pensamento consciente, mas podem se tornar mais complexas sob certas circunstâncias. Já outras decisões consomem grandes quantidades de tempo e energia emocional, e lidar com elas de forma eficaz é uma parte significativa da organização.

Se você precisa lidar regularmente com múltiplas decisões, talvez ache útil classificá-las de acordo com o seguinte grupo A—D.

**A** No nível mais simples estão aquelas decisões em que o curso apropriado de ação é claro e sobre as quais você é capaz de agir imediatamente. Tais decisões podem ser tomadas de forma rápida e deixadas de lado em seguida.

**B** Um segundo grupo consiste nas decisões que são responsabilidade total de outra pessoa ou que podem ser delegadas a outros. Não se trata apenas de se livrar delas, mas de colocá-las sob uma autoridade responsável que pode exercê-las melhor. (Consultar capítulo 5 para mais informações sobre delegação.)

**C** O terceiro grupo é o das questões em que são necessárias mais informações para que a resolução seja tomada. Como uma pessoa tomadora de decisões organizada, você precisa fazer com que esse processo avance, identificando de onde os dados serão obtidos e determinando como terá de analisá-los. Evidentemente, a informação pode ser a causa da chamada "paralisia da análise". Ou não há informação suficiente para tomar uma decisão informada — muitas vezes, uma desculpa usada para justificar um adiamento — ou há tanta informação que a pessoa responsável pela decisão fica sobrecarregada. Também há um elemento de medo na coleta de informações. Por um lado, existe o receio de que a aquisição de mais dados possa gerar complicações adicionais, enquanto, por outro lado, existe o medo igualmente prejudicial de que, se você parar de coletá-los, possa perder um detalhe essencial que o colocaria no caminho certo. A aquisição de dados precisa ser proporcional à importância da questão a ser decidida, e você precisa aprender a reconhecer o ponto em que obteve informações suficientes para definir e pesar as opções adequadamente, sem adquirir trabalho adicional, produzindo benefícios de entrega rápida.

**D** O agrupamento final é de situações em que você tem toda a informação necessária, mas precisa refletir sobre elas antes de tomar uma decisão ou fazer uma recomendação. Pode haver implicações para outras atividades, por exemplo, ou dimensões de longo prazo a serem consideradas. Obviamente, isso não deve ser usado como desculpa para adiar a tarefa, e o tempo necessário para refletir sobre a questão dependerá tanto da sua complexidade quanto da janela de oportunidade disponível para se tomar a decisão. Entretanto, há pouca dúvida de que deixar seu cérebro mastigar um problema pode ajudar a revelar o quadro geral e a descobrir detalhes que não tenham ficado aparentes quando o foco era alcançar um resultado rápido.

Há quatro etapas para se tomar qualquer decisão séria:

### 1 Esclareça quem, o quê e como
A melhor maneira de fazer isso é se questionar. Por exemplo:

- Por que preciso tomar essa decisão?
- Quais são os objetivos que pretendo alcançar?
- Quais são os potenciais benefícios e riscos?
- Quem será o(a) responsável pela decisão?
- Que informações são necessárias para tomar essa decisão?
- Quão confiável é a informação que eu já tenho?
- Existe algum ponto de referência disponível sobre como situações semelhantes podem ter sido abordadas anteriormente?
- O que acontecerá se eu não fizer nada?
- Quais são as implicações se eu tomar a decisão errada?
- Quem devo consultar ou envolver?
- Qual é a escala temporal? A velocidade é um fator importante?
- Que recursos estão disponíveis para mim?

### 2 Identifique opções disponíveis
Tente evitar qualquer avaliação neste ponto, já que fazer isso muitas vezes resulta em curtos-circuitos inúteis. No processo de identificação de opções, surge uma opção superficialmente atraente e o foco se afasta da exploração de todas as possibilidades para justificar por que essa solução específica deve ser escolhida. Mesmo com decisões

que requerem uma resposta rápida, vale a pena dedicar um pouco de tempo para garantir que você tenha identificado todas as opções possíveis antes de começar a avaliá-las.

**3  Pesar os prós e contras de cada opção**
Para decisões complexas, há uma série de ferramentas que podem auxiliar na análise de informações e avaliação de opções, mas tais técnicas vão além do escopo deste livro. Uma estratégia baseada em uma planilha simples servirá para decisões mais diretas. Para cada opção identificada, desenhe uma linha no meio de uma folha de papel, listando os prós de um lado e os contras do outro. Tenha em mente os objetivos do exercício e as perguntas que fez a si mesmo(a) ao fazer essa lista. Não trate os prós e os contras como se todos tivessem o mesmo peso. Você pode dar a cada um uma nota entre, digamos, um e dez. Mas lembre-se que você não pode esperar chegar a uma conclusão simplesmente atribuindo e somando ponderações. Alguns pontos podem ter significado absoluto em vez de relativo. Um único ponto contra pode ter tanto peso que elimine todos os pontos a favor. Cuidado também com prós que podem parecer bons demais. O valor percebido pela novidade de algumas opções pode fazer com que os contras não sejam adequadamente explorados.

**4  Reduza as opções até ser capaz de fazer uma escolha**
Algumas opções terão sido imediatamente descartadas por não cumprirem as metas ou por terem muitos contras. Para as que restam, é necessário levar em conta o risco associado à sua implementação. É provável que fatores além do seu controle possam afetar a aplicação da sua decisão? E qual é o equilíbrio entre o risco e o ganho potencial? Considere também elementos como a venda da decisão a quem tem de a implementar.

O processo raramente é tão simples como apresentado acima. Você deve ter em mente potenciais impedimentos à eficácia, como os listados a seguir:

## Como se organizar

- **Medo e ansiedade**

O medo, como já vimos, é um fator de procrastinação. As decisões são frequentemente adiadas ou transferidas por medo de se cometer um erro. Ficar ansioso(a) sobre o processo de implementação de uma decisão pode ser tão relevante quanto escolher o curso certo de ação. Você pode saber qual é a coisa certa a fazer, mas a perspectiva de realizá-la é assustadora. Possivelmente porque significa ter encontros desagradáveis. Decisões difíceis que envolvem outras pessoas — questões disciplinares, por exemplo — são muitas vezes evitadas por esta razão.

Medo e ansiedade não são os únicos aspectos que podem impedir que você tome a decisão certa ou que a implemente. Muitas vezes, podemos ser levados a resultados menos desejáveis por sentimentos totalmente louváveis, tais como simpatia e desejo de não ferir os sentimentos de outra pessoa.

- **Preconceito inconsciente e instinto**

Ao considerar opções, uma armadilha comum é dar mais peso àquelas que confirmam nossas opiniões existentes. Este "viés de confirmação" pode fazer com que você ignore opções potencialmente melhores. Também estamos inclinados a tomar atalhos para chegar a uma decisão baseando-nos no instinto, quando, na verdade, uma análise minuciosa das informações é realmente necessária. O sentimento instintivo realmente tem um papel na determinação de uma decisão, mas, exceto quando o resultado não é importante, não deve ser uma alternativa à análise adequada.

- **Níveis de esforço inadequados**

Muitas das decisões que tomamos simplesmente não justificam um grande esforço, mas mesmo as decisões triviais têm um custo energético e de atenção que pode ser tão debilitante quanto o de questões significativamente mais importantes. Ao escolher entre alternativas de mesmo mérito numa questão de importância cotidiana, o necessário é apenas chegar a uma solução satisfatória. Agonizar sobre uma escolha só desperdiça tempo valioso e recursos mentais, e é um exemplo de situação em que a regra 80/20 precisa ser usada. Com outras decisões, no entanto, é necessário investir tempo e esforço para chegar à melhor conclusão possível. É importante esclarecer quais decisões requerem uma abordagem completa e quais requerem uma solução que é satisfatória.

- **Comportamento dos outros**

Algumas decisões são puramente pessoais, afetando apenas o indivíduo que faz a escolha, mas, independentemente do ambiente em que são tomadas, terão, na maioria das vezes, impacto sobre outras pessoas que tem sua cota de preconceitos, questões prioritárias e bagagem próprios. Outros talvez precisem ser convencidos dos benefícios e talvez se apropriarem da decisão. Portanto, tomar uma decisão pode não ser o ponto final de um trabalho, mas sim, o inicial. Trata-se, muitas vezes, de comunicar a decisão e obter o compromisso dos outros, e é aqui que muitas boas decisões se perdem. Comunicar a decisão é um trabalho de venda, em que os princípios da persuasão eficaz se aplicam:

— Aborde a tarefa do ponto de vista do seu público. Responda às suas aspirações e aos seus medos.

— Estabeleça credibilidade, demonstrando um plano claro para a implementação da decisão.

— Venda os benefícios da decisão em vez de se preocupar demais com as suas razões.

— Antecipe quaisquer objeções que possam ser levantadas e prepare respostas convincentes às mesmas.

- **Tentação de evitar a decisão**

Lembre-se de que não tomar uma decisão é, por si só, uma decisão, e submeta essa tentação a um questionamento sério. É a ansiedade que o está influenciando, uma verdadeira falta de informação ou um julgamento que os benefícios de não tomar a decisão superam os riscos de tomá-la?

As decisões geralmente implicam mudanças, e muitos de nós estamos predispostos a manter o *status quo*, mas pesquisas mostram que é muito mais provável que lamentemos as coisas que não fizemos do que aquelas que empreendemos.

- **Não conseguir seguir em frente**

Reconheça que você não vai acertar o tempo todo, especialmente quando há outras pessoas envolvidas. No momento em que você toma uma decisão, sua implementação depende do futuro. As circunstâncias podem mudar por razões que você não poderia ter previsto, e por isso você precisa manter as consequências de uma decisão sob análise. Mas tendo escolhido a melhor opção, você precisa implementá-la e seguir em frente, sem revisitar constantemente as opções para se preocupar se você fez a escolha certa.

> **Resumo**
>
> A organização eficaz da sua carga de trabalho será melhorada se for possível:
>
> - reconhecer as tarefas que lhe impõem maiores exigências e programá-las para quando estiver mais enérgico(a);
> - ajustar a tarefa ao tempo disponível;
> - criar hábitos de trabalho positivos e eliminar os negativos;
> - adotar uma abordagem sistemática das decisões.

# 4
# Organize informações

- A quantidade de informações com as quais você é obrigado(a) a lidar parece estar em constante crescimento?
- Você se pega passando pelo mesmo material mais de uma vez sem absorver o que leu?
- Gostaria de ser capaz de ler mais rápido enquanto mantém ou melhora a sua compreensão do texto?
- Você tem dificuldade em manter-se em dia com a leitura e a pesquisa que acha necessárias para o desempenho eficaz do seu trabalho?
- Seus colegas o bombardeiam com e-mails, relatórios e cópias de outros materiais desnecessários?
- Você não consegue decidir o que fazer com os documentos e as mensagens que recebe?
- Você coloca itens de lado para lidar com eles mais tarde?
- Você retém revistas, relatórios e referências da internet com a intenção de lê-los, mas nunca os retoma?
- Você é atormentado por correspondências não solicitadas?
- Você acha difícil localizar uma informação que você sabe que está em algum lugar de determinado livro ou relatório?

Se você não respondeu sim a nenhuma dessas perguntas, então é um ser muito incomum no ambiente profissional. Pesquisas recentes mostram que estamos lutando para lidar com a grande quantidade de informação que recebemos no trabalho, e que resultam em estresse generalizado e declínio de produtividade.

Neste capítulo, analisaremos uma abordagem sistemática para lidar com as informações recebidas. Vamos examinar maneiras de reduzir o volume de coisas que você recebe e veremos técnicas para ajudá-lo a ler, classificar e assimilar essas informações de forma mais eficiente.

## Identifique as informações importantes

Algumas informações são imediatamente reconhecíveis como lixo, enquanto outros itens gritam a sua importância. Mas nem sempre é simples separar o vital do banal. Use as seguintes perguntas para ajudar a determinar o valor de qualquer informação que chegue até você:

- Esta informação está relacionada com um elemento chave do meu trabalho?
- Eu escolheria receber ou manter esta informação se tivesse que pagar por ela?
- Qual é o pior que poderia acontecer se eu a ignorasse?
- É a informação que eu preciso neste momento? Se não, posso acessá-la facilmente no futuro?
- Oitenta por cento do valor vem de vinte por cento da informação. Este item está nos vinte por cento mais importantes?

Não se pode acertar sempre, mas resista à tentação de lidar com essa incerteza usando a seguinte estratégia: em caso de dúvida, trate a informação como importante. Lidar de forma perfeita com a informação — ter sempre a informação certa no momento certo — não é possível. Embora a disponibilidade de boa informação seja importante para o desempenho eficaz do seu trabalho, mais não garantirá um melhor desempenho. A partir de determinado ponto, os dados adicionais terão um valor decrescente, e não terão qualquer valor se não puderem ser corretamente interpretados e compreendidos por estarem perdidos em meio a tantos outros. Então, reconheça que você não conseguirá absorver tudo o que for importante e aceite que seu julgamento será imperfeito. Lembre-se também da necessidade de discriminar entre o urgente e o importante. Os itens que requerem uma resposta rápida podem assumir uma importância maior do que merecem. Uma questão sem importância que foi deixada de lado durante vários dias não se torna mais importante só porque seu prazo está se aproximando; ela simplesmente torna-se mais urgente.

## Adote uma abordagem sistemática

Existe um mito comum, perpetuado por alguns programas de gestão de tempo, de que cada informação deve ser abordada apenas uma vez. No mundo real, não é assim que funciona. Você pode precisar voltar a um documento por uma variedade de razões: um item que precisa ser revisado ou colocado com outras informações antes que você possa tomar uma decisão sensata, por exemplo. Pode ser mais eficiente lidar com alguns itens dentro de um contexto que reúna outras informações sobre o mesmo assunto. E o documento ou e-mail que te deixa bravo(a)? Embora uma resposta disparada no calor do momento possa o(a) satisfazer por um momento, é bem provável que você produza uma resposta mais eficaz, evitando confrontos, se esperar até que tenha se acalmado. Alguns itens podem precisar de tratamento repetido no processo de elaboração de um documento complexo. Se for possível mexer em um documento apenas uma vez, então esse claramente deve ser o seu objetivo, mas não se prenda muito à abordagem de "um toque". Certifique-se de que nenhum documento ou mensagem volte para a pilha e que cada item receba uma ação positiva na primeira mexida. Essa ação deve ser uma das cinco Ds a seguir, resumidos na Figura 4.1.

**Figura 4.1** Os cinco Ds

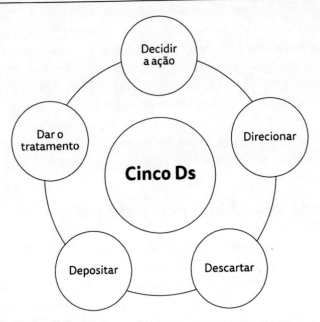

## Descartar

A maneira mais rápida de se atolar em informações é desperdiçando tempo e energia na leitura e na ponderação de materiais de pouco ou nenhum benefício para você. Assim, a primeira pergunta a se fazer é: "Será que eu realmente quero isso?" Geralmente é fácil perceber se um item não tem qualquer utilidade, mas muitas vezes relutamos em considerar a lixeira até termos folheado o documento. Há também uma tendência em colocar de lado documentos sobre os quais não se tem a certeza. Eles acabam formando uma pilha com outros itens, acumulando poeira ou obstruindo sua caixa de entrada, sendo revisitados ocasionalmente em tentativas modestas de eliminar o atraso. Lembre-se de que a maioria das informações tem um prazo de validade limitado. Uma regra útil é a seguinte: se não parecer valiosa hoje, provavelmente, não será valiosa amanhã.

## Dar o tratamento

Se for capaz de fazê-lo de forma rápida e eficaz, você deve lidar com as informações assim que elas chegam até você. Agir imediatamente em relação a um documento é satisfatório e alivia o estresse. Isso também significa que você não terá que gastar tempo refrescando sua memória quando voltar a essa informação no futuro. Quando não for possível lidar com um item imediatamente, então pelo menos decida que ação você irá tomar e quando.

## Decidir ações futuras

Ao lidar com papel, nunca devolva um item à pilha. Certifique-se de ter um sistema para separar itens sobre os quais você precisará agir e faça questão de anotar a ação necessária, ou as opções possíveis, no documento ou em um anexo de nota adesiva. Uma pasta com divisórias em que você possa marcar as datas do mês também é um dispositivo de antecipação útil. Coloque o documento em questão na divisória que corresponde à data em que você deseja revisitá-lo.

Dependendo do seu *software*, você pode adotar uma abordagem semelhante com o e-mail. Se você estiver usando um aplicativo como o Outlook, com um recurso de "sinalizador de acompanhamento", você pode simplesmente marcar a mensagem e escolher quando receber um lembrete sobre ela. Outros aplicativos podem não ter a capacidade de emitir lembretes em datas programadas, mas geralmente terão alguma ferramenta para sinalizar ou marcar mensagens. Designe uma dessas etiquetas como "acompanhamento" e poderá facilmente executar uma pesquisa para encontrar todas as mensagens para as quais você precisa retornar. Lembre-se de remover a etiqueta depois de ter lidado com a mensagem. Outra opção é configurar uma pasta especial para todas as mensagens que têm ações pendentes, mas você deve se lembrar de visitá-la regularmente.

Você precisará ser disciplinado(a) em relação aos itens marcados:

- Não utilize esse recurso para evitar um dos outros quatro Ds.
- Não adie uma ação para além da data que você definiu originalmente.
- Se tiver uma pasta do tipo "para ler", não deixe que ela se tornar uma lixeira geral.

## Direcionar

Não envie itens para outras pessoas apenas para tirá-los de sua própria mesa ou caixa de entrada, ou porque não sabe o que fazer com eles. Você só vai adicionar à carga de informação de outras pessoas e à lixeira dos outros mais rapidamente do que a sua. Pense sobre por que você está redirecionando o item e o que deseja que a outra pessoa faça com ele. Um breve registro o ajudará a assimilar e agir mais rapidamente sobre essa questão.

## Depositar

Você não deve armazenar um item em qualquer sistema de arquivamento só porque não sabe mais o que fazer com ele. Seja econômico(a) ao arquivar. Isso se aplica particularmente ao arquivamento de documentos em papel, que tende a ser trabalhoso e espacialmente intensivo. Você pode se dar ao luxo de ser mais generoso(a) no arquivamento de documentos digitais, mas, mesmo nesse caso, reter material demais por prevenção pode levar a tarefas de recuperação mais longas. Veremos as regras básicas para arquivamento no capítulo 7.

# Evite a sobrecarga

Por mais eficaz que você se torne em lidar com as coisas, não vai conseguir fazer tudo que precisa, a menos que tome medidas para reduzir o volume de informação que compete diariamente pela sua atenção. Mesmo que você apenas passe o olho pela maior parte dos itens, pode estar desperdiçando tempo e esforço consideráveis.

É comum se sentir impotente perante um fluxo implacável de documentos, e-mails, ligações, textos e mensagens instantâneas, mas podemos fazer algumas coisas para manter um maior grau de controle.

O primeiro passo remonta ao capítulo 1 deste livro. Se você quiser ter alguma esperança de separar o joio do trigo, é importante que tenha clareza sobre seus objetivos e saiba diferenciar o importante do trivial. Uma vez capaz de fazer isso, há várias maneiras de reduzir a sua sobrecarga de informações. A seguir estão algumas possibilidades.

## *Prefira não fazer*

É difícil trabalhar on-line sem divulgar endereços de e-mail, mas você deve pelo menos tomar cuidado para garantir que os seus não sejam divulgados mais amplamente do que o necessário. Ao inscrever-se para um produto ou serviço, verifique as regras de privacidade da organização para garantir que elas não divulgarão seu endereço a terceiros. Normalmente, há uma caixa de seleção discreta que permite que você opte por não participar de contatos contínuos, como *newsletters*, atualizações e ofertas de organizações associadas.

Da mesma forma, não circule seu número de celular livremente, ainda mais no que diz respeito a organizações que podem bombardeá-lo com textos e ligações promocionais.

Examine a gama de periódicos impressos, *newsletters* e periódicos on-line que você recebe e considere cancelar a inscrição de todos aqueles que não valeram a pena nos últimos meses.

Se as interações com redes sociais também são um fator de sobrecarga, faça a si mesmo(a) algumas perguntas sérias sobre essa atividade. Será que as redes sociais desempenham um papel valioso no negócio com o qual você está envolvido ou estão impondo um peso indevido sobre a sua vida profissional? Você as usa como escudo para evitar outras tarefas?

## *Filtre*

Ao pesquisar por informações na internet, lembre-se de que você só consegue lidar com uma pequena quantidade do total de informações disponíveis. Muito do que está na rede é de qualidade pobre ou duvidosa, exigindo mais esforços para interpretar ou verificar a confiabilidade dessas informações. Portanto, escolha sempre sites de qualidade. No capítulo 8 serão apresentadas mais sugestões sobre como avaliar essa qualidade.

Certifique-se de que você utiliza os filtros de lixo eletrônico do seu e-mail ou *software* antivírus ao máximo para eliminar e-mails descartáveis e maliciosos.

## Desconecte-se

A conexão constante é um impedimento muito sério para o trabalho eficaz, e pode aumentar muito a sua sensação de sobrecarga. Um dos grandes benefícios das formas mais modernas de comunicação é a sua independência em relação ao tempo. Temos a capacidade de escolher quando responder a e-mails, textos e mensagens de voz, mas muitos de nós lidamos com eles da mesma forma que faríamos com uma ligação de telefone fixo — lendo e respondendo conforme eles chegam e interrompendo outras atividades no processo. Restringir o número de vezes que você lê e responde a mensagens durante o dia pode dar um grande impulso à produtividade. Vamos ver no capítulo 5 como você pode assumir mais controle sobre esta área de comunicação na seção sobre superação de distrações e interrupções.

## Elimine

Estimativas globais recentes indicam que mais de cinquenta por cento do tráfego de e-mail é spam. No entanto, isso não significa que todos eles sejam lixo. É provável que uma boa parte venha de organizações com as quais você já lidou anteriormente, e com as quais pode lidar no futuro, mas são e-mails de que você não precisa e nem deseja nesse momento específico. No entanto, a tendência é ler todos e, eventualmente, guardá-los por precaução. A demanda de tempo ocasionada por cada incidência de comunicação é pequena, mas juntas elas podem se transformar em uma grande imposição. Se você estiver lutando com o volume de e-mails recebidos, excluí-los imediatamente pode fazer mais sentido. Qualquer coisa de valor é passível de ser objeto de comunicação posterior. Na verdade, você pode expandir esta abordagem para um hábito geral de ignorar e apagar a maioria das informações extras, a menos que pareça haver uma boa razão para fazer o contrário.

## Coopere

Lembre-se de que solicitações claras são mais propensas a obter respostas claras. Se você está atolado de mensagens encaminhadas ou comunicação distorcida, pode ser que não tenha especificado claramente o que você precisa dos outros.

Quando não tiver certeza do que fazer com um documento ou de quem precisa ver um e-mail, a solução mais fácil é produzir múltiplas cópias e enviá-las a todos que possam utilizar as informações nele contidas. Assim você consegue duas coisas: o item ofensivo sai das suas mãos, e você se absolve de qualquer responsabilidade por falha na comunicação. No entanto, você aumenta a carga de informação de outros e não necessariamente comunica nada de valor. Quando você se protege por meio do excesso de cópias, é provável que seus colegas respondam da mesma maneira.

Em alguns casos, é possível que vários membros de um grupo de trabalho cooperem para aliviar os encargos coletivos de informação. Se, por exemplo, todos precisam ler e assimilar regularmente documentos complexos, é possível fazê-lo por turnos, para que um leitor principal forneça um resumo para os outros, acelerando e facilitando a sua assimilação do documento.

## Leia com mais eficiência

A velocidade e a eficiência com que você pode assimilar as informações recebidas é um fator significativo para a sua capacidade de organizar a própria carga de trabalho. Estima-se que as pessoas em empregos que lidam com muita informação podem passar até um terço do seu dia de trabalho em atividades de leitura, mas a maioria de nós não é tão eficiente quanto se pensa. A velocidade média de leitura de uma pessoa é de duzentas a trezentas palavras por minuto. Com algumas técnicas e práticas simples, esse número pode aumentar para mais de quinhentos, sem prejuízo da sua compreensão. Ler devagar não é algo particularmente relacionado a educação ou inteligência. Muitas pessoas capazes e bem instruídas leem na velocidade média ou abaixo dela, e mesmo que você já leia rapidamente, há espaço para melhorias. A ideia de que só podemos compreender um material se o lermos lentamente é um mito; uma melhor compreensão pode andar de mãos dadas com uma leitura mais rápida.

A maneira mais fácil de estimar a sua velocidade de leitura atual é usar um dos inúmeros testes de velocidade de leitura on-line. Você também pode escolher uma passagem apropriada, com pelo menos uma página de duração, que você não tenha lido anteriormente. Tente ler o texto em um ritmo normal consistente com a compreensão do conteúdo e anote com precisão quanto tempo demorou. Em seguida, estime o comprimento da passagem, multiplicando o número médio de palavras por linha pelo número de linhas da passagem. O número de palavras multiplicado por sessenta e dividido pelo tempo gasto em segundos resultará na velocidade de leitura em palavras por minuto.

### Por que lemos devagar?

Quando lemos, nossos olhos não se movem continuamente pela página, e sim, pulam várias palavras de cada vez. É durante o período estacionário (fixação), no final de cada salto, que a leitura ocorre; e é, naturalmente, o cérebro que faz a leitura em vez dos olhos. Em termos simples, podemos pensar nos olhos como uma câmara imóvel tirando uma série de fotografias, que o cérebro depois interpreta. As principais razões para a velocidade lenta de leitura são:

- número limitado de palavras englobadas em cada fixação;
- fixações de maior duração do que o necessário;
- retornar para passagens já lidas involuntária ou deliberadamente.

Um quarto fator relevante é a tendência que temos de ouvir mentalmente as palavras enquanto lemos. Isso é conhecido como subvocalização, e acredita-se que tenha origem na abordagem usada quando aprendemos a ler, falando as palavras em voz alta. O problema dela é que nos restringe a pouco mais do que a velocidade da voz falada, que é tipicamente cerca de cento e cinquenta a duzentas palavras por minuto. Ainda que não seja totalmente eliminada, a subvocalização pode diminuir bastante.

## Aumente a sua velocidade de leitura

Há inúmeros livros, cursos e aplicativos para computador, tablet e *smartphone* que visam ajudar a aumentar a velocidade de leitura e compreensão de textos. Alguns oferecem avanços aparentemente fantásticos em um curto espaço de tempo, mas sugiro descartar as promessas mais exageradas. As duas técnicas mais utilizadas para ultrapassar os problemas associados à leitura lenta são a meta-orientação e a apresentação visual serial rápida.

O *meta-guiding*, ou meta-orientação, é a mais antiga técnica de leitura dinâmica e envolve um mecanismo de estimulação que força os seus olhos a se moverem, reduzindo a distração e a repetição. Em sua forma mais simples, é uma questão de mover um dedo ou a ponta de um lápis rapidamente através da página, logo abaixo da linha de texto que você está lendo. O objetivo é manter um ritmo acima do confortável e evitar que os olhos voltem a algo que já leram. Naturalmente, a tecnologia agora substitui o controle do lápis, havendo inúmeros aplicativos de "leitura mais rápida" que lhe apresentarão linhas de texto de rolagem, cujo ritmo pode ser determinado individualmente.

Outra técnica comum é a apresentação visual serial rápida (RSVP, na sigla em inglês), na qual palavras únicas de uma passagem são exibidas sequencialmente na frente do leitor, também a uma velocidade que pode ser aumentada à medida que o usuário se acostuma a um ritmo particular. Os fãs desse recurso defendem que ele corta a necessidade de mover os olhos e reduz, assim, a quantidade de tempo necessária para cada fixação.

Qualquer pessoa que deseje encontrar aplicativos de leitura rápida encontrará uma série de exemplos. As avaliações irão ajudá-lo(a) a separar o bom do mediano, e há exemplos tanto gratuitos como pagos oferecendo níveis variáveis de sofisticação e orientação. Alguns dos mais úteis permitem que você use um documento próprio para a prática, em vez de passagens aleatórias apresentadas pelo programa.

Aumentar a própria velocidade de leitura leva tempo e paciência, mas há mais técnicas que você pode empregar quase imediatamente, que terão uma influência tanto na velocidade da leitura como na compreensão dos textos.

## Pré-visualização para maior compreensão

Lemos muito mais rápida e eficazmente se pudermos inserir a informação em um padrão conhecido. Gastar alguns momentos estabelecendo esse padrão pode fazer uma diferença significativa. A abordagem a seguir assume que você está se preparando para ler um documento substancial, como um livro, um periódico ou um relatório, mas pode ser adaptado para documentos mais curtos, e aplica-se tanto a eletrônicos quanto aos em papel.

1  Antes de iniciar o texto principal, navegue pelas páginas Índice, Introdução e Resumo (se houver) ou Conclusões.

2  Em seguida, percorra o documento, fazendo um reconhecimento da estrutura principal e do argumento. Procure, particularmente, por resumos de seções ou capítulos, pois são excelentes para se chegar às entranhas de um documento. Caso contrário, leia o primeiro e o último parágrafos de cada seção ou capítulo; estes frequentemente introduzem e resumem as ideias neles contidos.

3  Ao ler o documento linearmente, você preencherá as lacunas, e não começando do zero. Você saberá em que partes precisa se concentrar e quais pode ler rapidamente ou até pular como um todo.

## Varie seu ritmo

Nem é preciso dizer que os textos variam em níveis de dificuldade, mas muitas pessoas mantêm o ritmo independentemente do que estão lendo. Um mesmo documento também pode ter seções que são mais difíceis de absorver do que outras. Não tenha medo de desacelerar onde o texto requer e de acelerar nas passagens mais fáceis. Você não deve negligenciar o fato de que, embora a leitura seja uma tarefa em certos contextos, também pode ser fonte de grande prazer. Ler um romance, um poema ou uma peça de teatro não é uma questão de correr pelo texto, capturando fatos. Há, muitas vezes, passagens a serem saboreadas, nuances a serem apreciadas e significados que precisam ser contemplados, o que está em desacordo com uma abordagem de leitura rápida.

## Foque no que é importante

Em algum momento do documento é provável que você encontre digressões do argumento principal, coisas que você já sabe, coisas que não precisa saber, e até enrolação. A melhor maneira de abordar qualquer tarefa de leitura é com a pergunta "O que preciso tirar desse texto?". Você lerá mais rapidamente e se lembrará de mais coisas se puder se concentrar nos elementos que são necessários para você em qualquer tarefa que tenha que realizar. Não aborde a palavra impressa com muita reverência. O escritor não necessariamente sabe mais do que você sobre o assunto.

## Desenvolva técnicas de varredura

Quando você precisa encontrar uma determinada informação, pode facilmente fazer isso por meio da varredura. Focalize a sua atenção apenas nas informações que pretende localizar e deixe seus olhos seguirem seu dedo enquanto o desloca rapidamente pelo centro de cada página, de cima para baixo. Este processo deve ser consideravelmente mais rápido do que sua leitura ritmada; e, se você estiver focado na informação que quer localizar, ela deve saltar aos seus olhos quando você chegar à parte relevante do documento. Você vai melhorar com a prática. Naturalmente, a varredura não substitui a utilização de um índice, quando este existe, e é geralmente desnecessária quando se procura uma informação específica em um documento eletrônico. É mais rápido e mais confiável usar o recurso de busca, digitando uma palavra ou frase relevante.

## Seja seletivo sobre o que você lê

Nunca tente ler tudo o que cai na sua mesa ou na sua caixa de entrada. Isso é loucura. Você precisa ser seletivo e se ater às coisas que agregam valor à sua função. E lembre-se: quem deixa a leitura de informações de lado por tempo indeterminado, pretendendo retomá-las no futuro, quando estará menos ocupado(a), está destinado a ficar para sempre desapontado(a).

## Gerencie sua memória

O valor daquilo que você lê diminui rapidamente se não conseguir se lembrar do conteúdo da leitura. Na verdade, se não fizer nada para ajudar a sua memória, você vai esquecer até oitenta por cento do que leu dentro de 24 horas. E não se trata apenas de informação escrita. Muitos de nós somos atormentados por uma recordação inadequada em todos os tipos de ambientes. Lembrar nomes e rostos ou onde colocamos as coisas tende a ser uma grande frustração, mas há muitos outros exemplos de como a memória nos decepciona. Prestar atenção à forma como ela funciona e empregar algumas técnicas simples pode fazer uma diferença significativa para este aspecto notoriamente falível da nossa organização pessoal.

Em nosso dia a dia, somos bombardeados com um multitude de estímulos, e não é desejável nem necessário recordar tudo o que recebemos. Nossos cérebros realizam um processo de filtragem seletiva sem o qual ficaríamos sobrecarregados, permitindo que apenas as informações que consideramos importantes e relevantes cheguem à nossa memória de longo prazo. Muitas vezes as coisas de que "esquecemos" são perdidas porque não as registramos propriamente para começo de conversa. Quando não consigo lembrar do nome de alguém a quem acabei de ser apresentado, pode ser porque a minha mente estava muito ocupada ensaiando o que eu iria dizer para gravar o nome. Da mesma forma, a perda das minhas chaves pode dever-se ao fato de que, quando entrei em casa e as larguei, eu tinha outros problemas mais urgentes em mente.

Claro, criamos métodos de registo de informação para poupar nossos cérebros da confusão conflituosa e da perda inevitável de informação que resultaria em decidir confiar em nossas memórias. Escrevemos há milênios, e, no mundo de hoje, temos a vantagem de acessar quase todo o conhecimento humano com um simples clique. Geralmente, não é tanto uma questão de precisarmos reter determinada informação, mas de saber onde essa informação pode ser acessada. Além disso, aplicativos diversos oferecem lembretes programados para ajudar nossas memórias falíveis. Mas esses adereços externos só nos levarão até certo ponto, e precisamos dar uma limpa em nossa memória se quisermos que ela nos sirva bem.

Aqui estão dez estratégias que visam a uma memorização mais eficaz:

1. Ajude sua memória levando em conta o nível de lembrança que provavelmente necessitará. Para algumas informações, será suficiente que você se lembre simplesmente que ela existe e onde encontrá-la. Para outras, você precisará entender o assunto geral e as ideias principais. Para aquelas de necessitam de um nível mais alto de lembrança, você pode precisar recuperar informações detalhadas ou até mesmo relembrar palavra por palavra.

2. Leia informações com uma pergunta na cabeça: O que quero tirar desse texto? Como isso se encaixa no que já sei? Toda aprendizagem é um processo de associação.

3. Tente ver o padrão geral do que você está lendo. Lembramo-nos muito melhor se conseguimos ver a estrutura e as ideias gerais em que o pormenor se enquadra.

4   Saiba diferenciar reconhecimento e recordação. O primeiro é o processo de recordar com a ajuda de um estímulo externo, é muito mais fácil do que a pura recordação.

5   Use a informação de alguma forma. Resuma-a em suas próprias palavras, faça anotações nas margens enquanto lê, comunique a informação a outros ou aja de acordo com ela.

6   Revise informações importantes para fixá-las em sua memória de longo prazo. O melhor é revisar rapidamente o material logo após tê-lo adquirido (dez a quinze minutos) e novamente um dia depois. Especialistas recomendam uma revisão mais aprofundada após uma semana e novamente após um mês para uma recordação de longo prazo confiável.

7   Mantenha juntas todas as coisas que você precisa acessar facilmente. Isso ajudará muito a sua memória. Pode até parecer uma afirmação excessivamente simplista, mas, embora esperemos encontrar coisas organizadas logicamente em lojas e bibliotecas, muitas vezes negligenciamos agrupamentos apropriados de objetos em nossa casa e em nosso escritório. Certifique-se também de que os arquivos, sejam eles físicos ou digitais, estejam agrupados em uma hierarquia racional.

8   Designe locais habituais para coisas que você está inclinado(a) a perder, como chaves.

9   Crie seus próprios mnemônicos para sequências difíceis de se lembrar. Quando criança você pode ter aprendido pequenas musiquinhas para lembrar de coisas como as notas musicais, a posição dos planetas no Sistema Solar e a sequência de cores no arco-íris. Não é muito difícil inventar uma musiquinha própria para ajudar com sequências complicadas em sua vida adulta.

10   Se você tiver dificuldade em lembrar nomes, certifique-se de que, quando for apresentado pela primeira vez a uma pessoa, você use o nome dela mais de uma vez na conversa seguinte. Fazer associações conscientes também pode ajudar a fixá-lo em sua mente. Se você for apresentado a uma pessoa chamada

Paulo Correntes, por exemplo, pode produzir uma imagem visual de Paulo amarrado a correntes. Quanto mais bizarra a imagem, mais provável é que você se lembre dela. Será mais útil ainda fazer uma associação entre uma característica facial predominante da pessoa em questão e seu nome. Às vezes isso é difícil, mas mesmo o esforço de tentar fazer uma associação ajuda a registrar o nome de uma pessoa em sua memória.

## Atividade — pergunte a si mesmo(a)

1. Que passos eu poderia tomar para lidar mais eficazmente com as informações recebidas?
2. Que estratégias devo aplicar, se é que existem, para aumentar a minha velocidade de leitura e compreensão de textos?
3. Como posso começar a melhorar a recuperação de informações importantes?

Coloque quaisquer objetivos resultantes na lista mestre de coisas a serem feitas.

## Resumo

Lidar eficazmente com a informação é uma questão de:

- separar a informação importante do lixo;
- manter uma abordagem sistemática com todas as informações recebidas;
- tomar medidas para reduzir a sobrecarga de informação;
- aumentar a velocidade de leitura e compreensão de textos;
- usar técnicas de memória e revisão para ajudar na sua recuperação.

# 5
# Organize a forma como você trabalha com os outros

Muito do nosso dia de trabalho é gasto em alguma forma de interação com outras pessoas. A forma como você aborda essas interações pode ter um impacto considerável na sua eficácia. Neste capítulo vamos falar sobre reuniões e delegação de tarefas e sobre como superar distrações e interrupções e aprender a dizer não.

## Uma estratégia para as reuniões

O potencial de perda de tempo das reuniões é imenso. Em muitas organizações, você pode gastar horas por semana em reuniões que resultam em muito pouco. Mas considerando o quanto reclamamos sobre elas, continuamos a atrasar outras coisas para atendê-las. Por quê?

As pessoas vão a reuniões por outras razões que não apenas tomar decisões. Esses encontros cultivam um sentido de importância — de estar próximo(a) às rodas do poder. São uma oportunidade de impressionar os seus colegas, e não ser convidado(a) pode causar exclusão. Conheci pessoas deixadas de fora de reuniões que tinham relevância quase nula a elas, mas que se tornaram inflamadas em relação ao que consideravam ser tentativas deliberadas de desclassificação. Há também um elemento social nas reuniões, e elas podem ser menos exigentes do que algumas outras formas de atividade laboral.

Assim que você entra em uma conferência, está em um casulo, a salvo de telefonemas, interrupções e problemas difíceis que habitam a sua caixa de entrada. Tudo bem, reuniões são chatas, mas você pode jogar alguns jogos mentais com colegas ou simplesmente deixar sua atenção vagar.

Por que fazemos reuniões? As reuniões são realizadas para:

- transmitir informações;
- obter pontos de vista;
- fornecer atualizações sobre o progresso de algo;
- estimular novas ideias;
- trabalhar coletivamente em projetos conjuntos;
- motivar um grupo;
- traçar um plano;
- tomar decisões.

Há formas mais eficazes de se transmitir informações do que arrastar as pessoas para uma sala e submetê-las a uma daquelas reuniões de memorando verbal em que apenas o mais velho fala e todos os outros se sentam em silêncio. Há também formas de consultar e suscitar pontos de vista que não resultam em uma reunião. O encontro criativo ou de *brainstorming* tem sido visto como uma forma de explorar novas soluções para um problema, mas estudos têm mostrado que as pessoas costumam ser mais criativas quando trabalham individualmente. Da mesma forma, repreender ou aconselhar alguém pessoalmente pode muitas vezes alcançar mais do que uma reunião de equipe motivacional, e a cultura não desafiadora (pensamento de grupo) desenvolvida por algumas reuniões pode não favorecer boas decisões.

Então, diante de tudo isso, sempre que surge a perspectiva de uma reunião, a primeira pergunta a se fazer é: precisamos de um encontro? Infelizmente, essa pergunta não é feita com frequência suficiente. Em muitas empresas, as reuniões acontecem em intervalos regulares, independentemente de serem realmente necessárias ou não.

O trabalho se adapta para seguir essa cultura e você tem todos os ingredientes de um ambiente em que se fala muito e faz pouco.

Supondo que você decida que uma reunião é realmente necessária, o que pode fazer para garantir que ela atinja seu propósito sem tomar muito do tempo dos participantes? As reuniões improdutivas incidem geralmente sobre aspectos de planejamento e gestão.

## Planejamento inadequado

Pode não haver um plano para a reunião, haver um plano mal preparado, ou nem sequer haver um propósito claro para o encontro. A informação necessária para se tomar decisões sensatas pode não ter sido produzida, ou os participantes podem não ter lido os documentos fornecidos com antecedência.

## Gestão ruim

Pode haver controle inadequado do tempo, falha em manter a discussão no caminho certo, incapacidade de controlar as pessoas com intenção de priorizar as próprias prioridades ou incapacidade de tirar conclusões da discussão.

Aqui estão alguns indicadores destinados a superar estes e outros problemas comuns em reuniões.

## Dez pontos em que pensar ao convocar uma reunião

1   Organize o planejamento da maneira mais clara possível. Identifique as questões específicas que a reunião precisa abordar em vez de definir tópicos abertos.

2   Indique um tempo limite para cada item do planejamento e mantenha-se o mais fiel a ele quanto possível.

3   Limite a palavra àqueles que têm algo a contribuir para os assuntos em discussão e a autoridade para implementar decisões. De um modo geral, quanto mais pessoas estiverem presentes em uma reunião, mais tempo levará.

**4** Agende reuniões imediatamente antes do almoço ou no final do dia. A vontade de ir embora irá sobrepor a verbosidade dos presentes.

**5** Tente não agendar reuniões em sua própria área de trabalho; vai ser mais difícil afastar-se de conversas pós-reunião.

**6** Comece a reunião na hora marcada. Esperar pelos atrasados os encoraja a repetir a contravenção e irrita aqueles que chegaram na hora.

**7** Não permita que a discussão seja desviada para assuntos que não estão no planejamento. Se forem importantes, podem ser tratados numa reunião posterior.

**8** Não perca tempo discutindo assuntos quando não existem informações adequadas para se tomar uma decisão. Concorde com a responsabilidade de obter e relatar as informações necessárias e adiar a discussão para uma data futura.

**9** Evite a prática de "qualquer outro negócio" ao fim das reuniões, se possível. Ela costuma ser utilizada por pessoas muito preguiçosas para preparar devidamente um assunto para o planejamento do dia e pode resultar em más decisões, tomadas com base em considerações inadequadas, e pode ir contra todos os seus esforços na discussão de tempo.

**10** Assegure que, logo que possível após a reunião, seja elaborado um registo dos resultados. Quanto mais rápido isso for feito, mais fácil será a tarefa. Atas detalhadas são geralmente desnecessárias, e só dão às pessoas algo para discutir no início da próxima reunião. As notas de ação são mais úteis. Devem incluir: a) o que foi acordado na reunião; b) quem é responsável pela ação desses acordos; e c) as datas em que eles devem ser acionados.

## Dez pontos em que pensar ao participar de uma reunião

**1** Certifique-se de antemão de que sabe o que a reunião pretende alcançar. Se o objetivo não for claro, questione o convocador. Isso serve para esclarecer objetivos, levando a uma reunião mais produtiva, ou demonstrar que uma reunião não é realmente necessária.

2. Peça para ser dispensado(a) de qualquer reunião que não pareça ter qualquer relevância para você. Preste atenção à política envolvida neste item. Se a pessoa convocando for o seu chefe, a diplomacia pode exigir que você compareça. No entanto, muitas vezes, o convocador simplesmente não pensou o suficiente sobre a sua participação na reunião. Perguntas como "Como você espera que eu possa contribuir?" podem levá-los a pensar melhor sobre essa escolha.

3. Se apenas um ponto de uma reunião for relevante para você, pergunte se ele pode ser tratado primeiro, para que você possa ser poupado do resto da reunião. Esteja ciente, porém, de que esta tática por vezes desencadeia uma guerra de ofertas por parte de outras pessoas com o mesmo problema que o seu.

4. Sempre leia o planejamento e quaisquer documentos antes de uma reunião e, sem assumir uma posição inflexível, esclareça seus pensamentos sobre o que você gostaria de alcançar com o encontro.

5. Se acha que seus argumentos encontrarão alguma oposição, fazer um *lobby* sutil antecipadamente pode ser útil. Outros participantes podem não ter pensado na reunião com muita antecedência, e as pessoas estão mais inclinadas a manter a opinião que levam para a sala do que a serem conquistadas por algo que ouvem durante a reunião. Mas trate do *lobby* com cuidado. Se a outra pessoa entender sua abordagem como uma tentativa de exercer influência indevida, você corre o risco de afastá-la de seu ponto de vista.

6. Pense com antecedência qual será seu próximo objetivo se você não conseguir o que quer. A maioria das pessoas não terá pensado num plano B. Se for apresentado habilmente — isto é, antes que seja evidente para todos que você perdeu a discussão —, esse recurso pode ser uma forma neutralizante de obter pelo menos uma parte do que você quer.

7 Não exagere. Reuniões são como leilões: no meio da discussão é fácil deixar-se levar e fazer promessas das quais você se arrependerá mais tarde. Há um desejo natural de deixar uma boa impressão nos colegas de trabalho, mas não se deixe levar pela tentação de assumir responsabilidades demais ou de oferecer prazos irrealistas para a conclusão do trabalho.

8 Se você se encontrar preso(a) em reuniões excessivamente longas, arranje um encontro "importante", ou uma interrupção vital, que o(a) obrigará a sair antes do fim. Não faça isso muitas vezes, ou levantará suspeitas.

9 Você pode ajudar um responsável fraco resumindo os argumentos dos outros e puxando os fios de uma discussão para facilitar as decisões finais. Sempre que puder, chame a atenção das pessoas para os excessos de tempo, mas tome cuidado para garantir que você não faça a mesma coisa. Nós tendemos a superestimar o tempo que as outras pessoas usam para falar e a subestimar nossa própria loquacidade.

10 Tente definir alguns horários regulares de comparecimento às reuniões e divulgue-os. Esse trabalho pode ajudar a evitar que as reuniões interrompam a sua semana de trabalho e o incapacitem de completar as tarefas que exigem atividade concentrada durante várias horas.

## Alternativas às reuniões

Como observado no início desta seção, há maneiras melhores de resolver algumas das questões que são tradicionalmente reservadas para reuniões. Muitas vezes a reunião é a resposta padrão — a opção preguiçosa para lidar com um problema, e uma que pode ocupar muito mais horas por pessoa e ser menos eficaz do que uma abordagem alternativa. É possível alcançar os objetivos desejados sem ter que reunir um grupo de pessoas em um único local ou adotar uma abordagem de "tamanho único" para os negócios em equipe. A seguir estão listadas cinco estratégias possíveis.

## Organize a forma como você trabalha com os outros

1. Para os elementos das reuniões que têm a ver com a transmissão de informações, um e-mail para um grupo ou uma apresentação on-line muitas vezes resolverá o problema, e, se forem estabelecidas opções de perguntar e dar *feedback* que sejam visíveis e acessíveis a todos os participantes, as questões podem ser tratadas de uma maneira que não seja uma perda de tempo para os mais informados do grupo.

2. Quando o objetivo é obter pontos de vista, uma proposta pode ser feita sob um tópico de discussão iniciado dentro de um e-mail coletivo. Estes são grupos de discussão on-line nos quais um tópico pode ser aprofundado, permitindo que todos deem sua opinião sobre o assunto. Há numerosos pacotes que podem fornecer esse tipo de serviço, e organizações maiores tenderão a ter tais facilidades disponíveis através das suas intranets e de *softwares* como o Microsoft SharePoint. No entanto, para aqueles que não contam com tais facilidades, é fácil configurar um grupo privado em um serviço gratuito, como o Google. Seu grupo pode ser fechado, limitando o acesso aos colegas com quem você normalmente precisaria se encontrar, e a discussão não pode ser vista por ninguém que não seja um membro do grupo.

3. Em muitas circunstâncias, o e-mail e as mensagens instantâneas podem ser uma irritante interrupção para outros trabalhos; mas, se usados corretamente, podem reduzir consideravelmente o tempo a ser gasto em reuniões, por oferecerem um meio simples e imediato de compartilhar ideias e responder a perguntas.

4. Um dos benefícios mais significativos da criação da nuvem, onde aplicativos e documentos residem em servidores remotos em vez de computadores individuais, é a facilidade que ela oferece para que os indivíduos colaborem em projetos sem precisarem estar no mesmo lugar ao mesmo tempo:

    a. Os documentos que estão disponíveis para um grupo inteiro podem ser revistos e trabalhados com a contribuição de cada indivíduo claramente identificada.

**b.** O acesso compartilhado ao *software* do projeto e às listas de tarefas na nuvem pode facilitar muito a comunicação sobre a atividade do grupo — servindo para esclarecer responsabilidades e mantendo um registro atualizado do progresso em relação aos objetivos.

**c.** Utilizar aplicativos como o Evernote e o Microsoft OneNote pode ser uma boa forma dos membros da equipe gerarem e compartilharem ideias, trabalharem em soluções para problemas e comunicarem novas informações uns aos outros.

**5** A videoconferência oferece uma grande vantagem sobre a reunião tradicional — a ausência de qualquer requisito para que os participantes viajem —, mas também tem desvantagens. Para aqueles que não estão habituados a esse recurso, estar sendo filmado pode levar a um comportamento menos natural do que seria o caso em um encontro face a face. Essa atmosfera um tanto artificial pode ser exacerbada por limitações de *hardware*, como o fenômeno pelo qual os participantes parecem não fazer contato visual, resultado de serem filmados por uma câmara em uma direção ligeiramente diferente daquela da tela para a qual estão olhando. Estudos também mostraram que os participantes em videoconferências têm de trabalhar mais para interpretar as informações do que seria o caso em uma reunião ao vivo.

Assim, em situações em que não há necessidade de contato face a face ou de exibição de imagens visuais, uma chamada de audioconferência pode ser tão eficaz quanto uma videoconferência. No entanto, para muitos cenários de reunião, a videoconferência tem muito a oferecer a todos os tipos de empresas, pequenas e grandes, e é acessível mesmo com os orçamentos mais apertados. Existem inúmeros pacotes que oferecem diferentes níveis de qualidade em uma ampla faixa de preços, mas o método mais simples, e muito barato, é configurar uma assinatura Skype para chamadas com vídeo em grupo para até dez participantes simultâneos, usando *webcams* padrão.

> **Atividade — pergunte a si mesmo(a)**
>
> Que medidas eu poderia tomar para melhorar a eficácia das reuniões em que estou envolvido? Enquadre as respostas que pretende implementar como objetivos que podem ser introduzidos na sua lista principal de tarefas.

## Delegue

### Estudo de caso

Edward Newton prevê trabalhar em média 58 horas por semana. A empresa para a qual ele trabalha tem passado por grandes mudanças recentemente e o trabalho de Edward tem sido intimamente associado a essas mudanças. Ele está ciente de que tenta fazer coisas demais sozinho e que algumas tarefas podem ser passadas para outros membros de sua equipe, mas sente que aqueles em quem ele pode confiar estão sobrecarregados. Ele também acredita que, em curto prazo, o tempo necessário para preparar e treinar outra pessoa excederia o tempo que ele gastaria realizando essas tarefas. O seu problema é grande porque, em uma situação de mudança, Edward não pode ter certeza de quanto tempo a sua carga de trabalho se manterá ao nível atual e, por conseguinte, está relutante em transferir responsabilidades apenas para as assumir mais tarde. No fundo de sua mente, há até mesmo uma pequena preocupação de que ele precisa assumir uma carga de trabalho pesada para justificar sua existência em qualquer reestruturação futura. De vez em quando, ele fica tão sobrecarregado que precisa passar tarefas para os colegas com pouca informação ou assistência sobre o assunto.

Há muitos Edwards em todas as áreas de trabalho — pessoas cuja competência é esticada até ao limite por concorrência, mudança e reestruturação. Elas sofrem com o paradoxo de saber que deveriam delegar mais, mas sentido que não têm tempo para fazer essa delegação corretamente. Mas, para qualquer pessoa que queira se organizar e ficar em dia com o trabalho, a delegação tem que fazer parte da receita.

O primeiro ponto importante sobre a delegação é que ela não deve ser uma reação automática à sua própria sobrecarga. Não é apenas uma questão de se livrar de tarefas que você não quer realizar, mas uma contribuição para a produtividade geral, colocando a responsabilidade, a autoridade e os recursos necessários onde eles podem ser descarregados de forma mais eficaz. Você terá dificuldade com a delegação se não estiver preparado para gastar tempo estabelecendo acordos, se não puder confiar em seus colegas ou se não puder acreditar que outra pessoa é capaz de fazer o trabalho tão bem quanto você.

Há um tempo, delegação significava passar tarefas para colegas subalternos, mas no ambiente de trabalho atual, menos hierárquico, há uma tendência crescente de pensar em delegação como algo lateral — a circulação de trabalho entre colegas de mesmo nível ou de nível semelhante. Na verdade, trata-se mais de uma troca de responsabilidades do que de uma delegação no sentido tradicional. Todos temos habilidades e preferências de trabalho diferentes. Se um colega é capaz de cumprir uma área de sua responsabilidade de forma mais eficaz do que você, e você, por sua vez, pode trazer suas habilidades para um aspecto do trabalho de seu(sua) colega, então faz sentido cooperar. No entanto, o fato de a organização ser feita entre colegas do mesmo nível não deve ser motivo para menos cuidado no processo de criação.

## Cinco passos para uma delegação eficaz

### 1. Decida o que vai delegar

A escolha das responsabilidades a delegar irá centrar-se nas coisas que os outros podem fazer de forma mais rápida, barata ou habilidosa do que você, ou nas tarefas que podem ser prontamente executadas no contexto de trabalho de outra pessoa. Geralmente, haverá elementos fundamentais para o seu próprio trabalho que você não deve considerar delegar.

## 2. Escolha a pessoa certa

Cuidado com a tendência natural de entregar mais tarefas aos mais dispostos ou de delegá-las apenas àqueles que tenham cumprido trabalho semelhante no passado. A delegação não serve apenas para aliviar a sua própria carga de trabalho, mas para dar novas experiências a outros e permitir que eles desenvolvam novas habilidades.

## 3. Prepare o terreno

Você precisa estar preparado para auxiliar seus colegas no que deseja que eles façam. Achar tempo para fazer isso é muitas vezes um problema, mas é uma dor a curto prazo para conseguir um ganho de longo prazo. Se você não definir o arranjo corretamente, é provável que tenha colegas descontentes sentindo que foram abandonados ou que as pessoas não tenham clareza sobre o que se espera delas. Você precisará definir objetivos claros usando a fórmula SMART que discutimos no capítulo 1. Informe seu(sua) colega sobre os parâmetros da autoridade dele(a) e que apoio você será capaz de fornecer.

## 4. Venda os benefícios

É importante olhar para essa situação do ponto de vista da outra pessoa. Pode haver benefícios de treinamento e desenvolvimento para ele(a) ao assumir uma nova responsabilidade, melhoria dos aspectos profissionais, variedade e desafio de carreira, ou oportunidade de usar habilidades específicas. Esteja preparado(a) para passar certo tempo conversando com a pessoa em questão, buscando respostas para o que você está propondo e respondendo de forma construtiva. Se o(a) seu(sua) colega sentir que o processo de criação é colaborativo, ele(a) estará mais empenhado(a) em assumi-lo.

## 5. Dê um passo para trás

Deixe a outra pessoa seguir em frente. Um dos problemas mais comuns das delegações é a tendência de interferir em um trabalho ou rejeitá-lo porque não foi feito exatamente do jeito que você o teria feito. Trabalhe duro para evitar isso, especialmente se você mesmo(a) estiver fazendo o trabalho há algum tempo. Deixe claro que você está disponível para oferecer apoio, mas que a responsabilidade diária é da pessoa a quem você delegou a tarefa. Se você não fizer isso, ela será sempre sua responsabilidade, para a qual você simplesmente contratou outra pessoa para fazer a parte chata. Se ocorrerem problemas, elas vão acabar voltando à sua lista de afazeres, e seu colega não vai conseguir os benefícios de desenvolvimento que a delegação pode oferecer. É claro que a autoridade que você delega não é ilimitada, e a pessoa que assume a responsabilidade deve estar ciente de seus limites, mas também precisa de liberdade para operar e, às vezes, para cometer erros e aprender com eles.

> **Atividade — pergunte a si mesmo(a)**
>
> Que tarefas seria possível delegar para conseguir um melhor desempenho da minha equipe? Como posso começar a delegar essas tarefas? Coloque quaisquer objetivos resultantes na lista mestre.

## Supere distrações e interrupções

Interrupções e distrações têm grande influência na nossa capacidade de organizar os horários de trabalho. Não só perdemos tempo lidando com a interrupção como, mais importante, temos que nos esforçar para voltar à tarefa original e reorientar nossa atenção. A quantidade de vezes que nos distraímos tornou-se muito maior nos últimos anos, como resultado dos avanços tecnológicos. Vivemos e trabalhamos constantemente conectados, muitas vezes simultaneamente, a múltiplos veículos de comunicação — e-mail, internet, ligações de celular, textos e mensagens instantâneas —, sem mencionar nossas interações em pessoa e o impacto das antigas telecomunicações fixas. Em muitos ambientes, essa conexão onipresente e o malabarismo constante de responsabilidades são considerados aspectos essenciais da vida profissional, e ser uma pessoa multitarefas tornou-se regra. Mas os seres humanos não são muito bons em multitarefas. Conseguimos administrar bem o suficiente pares de atividades, sendo uma delas automática, como manter uma conversa enquanto dirigimos. Mas até mesmo esse exemplo se torna consideravelmente mais difícil se a tarefa de dirigir deixa de ser amplamente automática; por exemplo, ao esperar para passar por um cruzamento complexo. Todos temos uma capacidade limitada para realizar atividades mentais simultaneamente, e o que realmente acontece durante supostas multitarefas, até com aquelas que envolvem atividades relativamente pouco exigentes, é que mudamos rapidamente nossa atenção de uma para a outra. Essa mudança constante de foco tem um custo de energia que pode limitar severamente nossa eficácia, e interferir no processamento de informações entre a memória de curto e longo prazo.

Além disso, interrupções e tentativas de realizar multitarefas interrompem seu fluxo, algo que pode ser extremamente inconveniente quando você está trabalhando em uma atividade exigente. Um estudo conduzido pela Microsoft Research e pela Universidade de Illinois descobriu que podemos levar até 15 minutos para retomar produtivamente uma tarefa desafiadora quando somos interrompidos por algo tão simples quanto um e-mail. Verificou-se que, em algumas profissões, os trabalhadores são obrigados a mudar o foco de sua atenção a cada minuto, e os efeitos negativos dessa situação são cada vez mais reconhecidos, gerando inclusive um novo termo — "síndrome da atenção parcial contínua" — para descrevê-los.

Naturalmente, nem todas as distrações e interrupções são de natureza tecnológica. Algumas são sociais, muitas vezes vindas de pessoas que estão empenhadas em procrastinar para fugir de tarefas. Pode até ser você a fonte da distração. Um estudo afirma que as distrações autoinduzidas podem representar até cinquenta por cento da sua distração total. É muito fácil se convencer de que você só precisa dar um telefonema, tomar um café, atualizar seu *status* nas redes sociais ou consultar o seu perfil preferido, e que continuará seu trabalho em poucos minutos. Quando o padrão de produção é interrompido, você encontra outras tarefas "urgentes" e os minutos podem durar até uma hora, e depois disso é muito mais difícil voltar aos eixos.

Uma opção é treinar para retomar o trabalho mais rapidamente, mas uma estratégia melhor é limitar o número de distrações e interrupções para começo de conversa. Procure eliminar as barreiras das coisas mais urgentes e importantes — aquelas que afetam o propósito principal de seu trabalho ou a organização para a qual você trabalha, em que as consequências de não dar atenção imediata ao assunto podem ser prejudiciais a ambos.

O grande benefício de e-mails, correios de voz e mensagens de texto deve ser a sua independência de tempo, e você certamente será muito mais produtivo(a) se for capaz de lidar com eles em momentos de sua escolha, em vez de quando eles chegam. Pesquisas mostraram que as pessoas cuidam de mensagens e outras interrupções de forma muito mais eficaz se elas ocorrem em pontos de ruptura naturais das outras atividades que estão realizando. Se for possível para você fazer isso, defina dois ou três momentos do dia para verificar e lidar rotineiramente com ligações e mensagens, e tenha disciplina para manter essa rotina.

Infelizmente, para muitos leitores, isso pode parecer um luxo inalcançável. Se a cultura do seu trabalho é a de respostas imediatas a ligações e mensagens, pode parecer quase impossível libertar-se de interrupções constantes. Mas, se você deseja resolver as coisas mais importantes do seu planejamento, é essencial procurar maneiras de equilibrar acessibilidade e produtividade. Uma ideia interessante é considerar se dar períodos livres de e-mail — momentos em que você pode trabalhar ininterruptamente em tarefas que requerem sua total atenção. Isso pode significar ignorar todas as mensagens por um tempo ou filtrá-las para garantir que apenas aquelas que requerem sua atenção imediata consigam chamar sua atenção. Explorar as configurações do seu *software* de e-mail e consultar o arquivo de ajuda deve revelar as ferramentas que estão disponíveis para você. Além de desativar manualmente as notificações de mensagens, seu *software* terá a facilidade de definir regras pelas quais as mensagens de certos remetentes, ou aquelas que contêm palavras específicas, são permitidas ou enviadas para outro endereço de e-mail, que você pode configurar com notificações automáticas. Alguns *softwares* permitem apenas o *download* inicial de cabeçalhos, em vez de mensagens completas. Você pelo menos reduz a tentação de lidar com cada mensagem imediatamente se outra ação for necessária antes que você possa lê-la, e geralmente pode perceber quais mensagens são importantes a partir de seu assunto. No mínimo, você deve tentar desativar a notificação sonora de mensagens e textos recebidos. Não há nada que nos faça interromper o que estamos fazendo mais rapidamente do que o sinal sonoro de uma mensagem recebida. Esse som desencadeia sentimentos de ansiedade ou curiosidade que são impossíveis de resistir.

## Vinte maneiras de reduzir distrações e interrupções

1  Liberte-se da crença de que você precisa estar constantemente conectado(a) para trabalhar de forma eficaz. Enquanto a cultura de comunicação imediata de hoje oferece muitos benefícios, há desvantagens igualmente consideráveis. Como observado, a multitarefa efetiva é em grande parte um mito. Somente desligando ou limitando as fontes de interrupção durante pelo menos uma parte do seu dia de trabalho você terá o espaço necessário para executar tarefas que requerem atenção máxima.

2  Seja claro(a) sobre o que você está tentando alcançar no seu dia a dia. Seguir o conselho sobre planejamento e acompanhamento

do capítulo 2 irá ajudá-lo(a) a avaliar a importância das distrações e interrupções, e manter seu foco no que importa em termos de produtividade geral. Além disso, o controle do seu horário permite que você desvie os potenciais interruptores, dando-lhes uma indicação clara de quando estará disponível para lidar com a questão que desejam levantar.

**3** Programe blocos de tempo em seu calendário para lidar com as tarefas que requerem concentração ininterrupta, tornando-se indisponível para reuniões, ligações e outras interrupções nesse período. Trate esse momento como se fosse qualquer outro compromisso programado e, com sorte, os outros respeitarão a sua zona livre de interrupções.

**4** Prepare-se para os períodos de "não perturbe". Certifique-se de que tem tudo o que precisa para levar a cabo as tarefas que definiu e de que os seus objetivos para a sessão são claros, de modo a começar a produzir de imediato, aproveitando ao máximo o tempo disponível.

**5** Se você trabalha em um ambiente aberto e não tem outra maneira de sinalizar horários quando não deseja ser interrompido, considere usar um cartão "por favor, não perturbe" em sua mesa.

**6** Para evitar distrações autogeradas, tente definir um tempo para um período específico (de trinta minutos a uma hora) e não permita qualquer digressão durante este intervalo. Quando esse período terminar, faça uma pausa de cinco minutos para fazer o que quiser, antes de definir um novo momento. A penalidade por se afastar da tarefa durante a sessão planejada é reiniciar o temporizador e recomeçar a partir do início.

**7** A maioria das interrupções autogeradas são resultado de respostas habituais a sensações desconfortáveis, como ansiedade, tédio ou isolamento. Identifique os gatilhos que se aplicam ao seu caso e substitua as respostas habituais que desperdiçam tempo por estratégias mais construtivas de reorientação. Por exemplo, em vez de fugir de uma tarefa criadora de ansiedade navegando

## Organize a forma como você trabalha com os outros

na internet ou checando as redes sociais, fique cinco minutos longe de sua mesa, para acalmar a mente e retornar à tarefa principal revigorado.

**8** Algumas tarefas geram um nível de ansiedade fora de proporção ao seu grau de dificuldade. Tirá-las do caminho rapidamente pode livrá-lo(a) de uma tendência à autointerrupção.

**9** Junte várias tarefas menores, como enviar mensagens e fazer ligações telefônicas, para evitar que cada uma delas se torne uma interrupção separada do seu fluxo de trabalho. Assim você vai lidar com elas de forma mais eficaz e economizar quantidades significativas de tempo que gasta retomando o foco após cada interrupção.

**10** Estabeleça algumas regras para a frequência com que lidará com e-mails que levem em conta a cultura e as expectativas de seu local de trabalho, mas garanta que você não está constantemente respondendo em tempo real.

**11** Faça intervalos para refeições e pausas para o café em horários pré-determinados. Insira-os em uma rotina de trabalho construtiva, para que comecem a trabalhar contra interrupções autoinfligidas.

**12** Ajude a promover um clima propício ao trabalho eficaz, tratando os(as) colegas como você gostaria que eles o(a) tratassem. Evite copiar ou encaminhar excessivamente e-mails sem importância para outras pessoas, e não espere que as pessoas se abstenham de interrompê-lo(a) se você também tem o hábito de interrompê-las.

**13** Lembre-se que um espaço de trabalho desordenado é uma fonte potente de distração. Isso se aplica tanto à área de trabalho do seu computador quanto ao seu espaço físico. Remova objetos e ícones desnecessários e perturbadores, e talvez faça uso do recurso para criar diferentes áreas de trabalho no computador, organizando um para momentos de atividade concentrada que não contenha nenhum *link* que potencialmente o distraia.

14 Considere mudar de lugar quando tiver uma tarefa que necessite de um pensamento concentrado — trabalhe em casa, na biblioteca ou em uma sala silenciosa para evitar distrações diárias no local de trabalho.

15 Retorne ligações em momentos em que as pessoas não estão dispostas a entrar em longas conversas — pouco antes do almoço, ou no final do dia, quando querem chegar em casa. Alternativamente, combine ligações cronometradas quando concordar em voltar a telefonar — "Tenho cinco minutos para gastar entre compromissos às quatro horas. Posso retornar a ligação nesse momento?"

16 Faça *briefings* completos ao passar tarefas a outros, para que eles tenham menos necessidade de procurá-lo(a) com perguntas.

17 Esclareça instruções e aponte quaisquer deficiências nos procedimentos que conduzem a consultas repetidas.

18 Ao realizar trabalhos na internet, tenha cuidado com os *links* que o levam a outros materiais interessantes, mas irrelevantes.

19 Se você tem colegas sênior que consideram que cada convocação constitui uma razão para você abandonar tudo, esteja preparado(a) para trabalhar paciente e diplomaticamente com eles para melhorar a consciência dos efeitos de seu comportamento. Compartilhe com eles, em momentos diferentes daqueles em que estão interrompendo você, as medidas que você está tomando para gerenciar seu dia, e demonstre a eficácia de sua estratégia com seus resultados.

20 Superestime o tempo para completar uma tarefa, para que as pessoas não comecem a procurá-lo prematuramente.

## Minimizando a interrupção

Quando as interrupções são inevitáveis, procure reduzir o impacto delas no seu fluxo de trabalho.

1 Quando interrompido(a) durante uma atividade exigente, faça uma anotação rápida ou escreva algumas palavras-chave que o(a) ajudarão a retomá-la de onde parou. Quando você retornar à

tarefa em mãos, esteja preparado(a) para revisitar brevemente o que estava fazendo imediatamente antes do intervalo, a fim de reencontrar seu fluxo.

2 Esteja no controle da interrupção. Se o assunto parecer complexo, ofereça-se para encontrar-se com essa pessoa ou telefonar para ela mais tarde, em vez de tentar lidar com a questão imediatamente, e dê uma indicação de quando você estará disponível para resolvê-la.

3 Ponha um limite de tempo nas interrupções. Deixe que a pessoa que o(a) interrompe saiba que você só pode gastar cinco minutos. Alguns especialistas sugerem manter um temporizador em sua mesa e usá-lo para lembrar seu visitante de chegar ao ponto rapidamente.

4 Pareça estar indisponível. Posicione a mobília de escritório e a escrivaninha para evitar dar à sua área de trabalho uma aparência de "por favor, entre e sente-se". Isso é particularmente importante se você estiver em um escritório de aberto. Arrisque ser considerado rude e não convide os interruptores a sentarem-se.

5 Encoraje os visitantes a terem uma lista numerada do que querem discutir com você. Isso os ajuda a sintonizar a questão rapidamente e a focar seu pensamento, e dissuade interrupções mais frívolas por causa da preparação envolvida.

## Busque atingir o flow

No outro extremo da escala da "síndrome de atenção parcial contínua" que aflige muitas das nossas vidas profissionais está o estado altamente produtivo comumente conhecido como *flow* (fluxo). Ele é caracterizado pelo foco absoluto na tarefa em mãos, com a exclusão de distrações internas e externas. Se você já vivenciou isso, certamente será capaz de testemunhar o sublime senso de uma atividade realizada quase sem esforço, em que toda a sua experiência é direcionada para a tarefa em mãos e o desempenho bem-sucedido é alcançado quase que de maneira inconsciente. O estado de fluxo é mais geralmente associado a atividades criativas como arte, música e escrita, mas pode ser aplicado a qualquer atividade de alto nível que exija habilidade, experiência e comprometimento. É improvável que você o atinja quando envolvido(a) em uma tarefa de baixo nível que ache chata, mas nas atividades que exigem concentração prolongada e pleno emprego de suas habilidades é interessante visar a esse estado. Além disso, tem sido demonstrado que o *flow* impõe menos exigências mentais do que o improdutivo e mais desagradável estado de constante distração.

A primeira pré-condição para alcançar o *flow* é o relaxamento. Você não o alcançará se estiver ansioso(a), estressado(a) ou nervoso(a).

Muitos especialistas recomendam um exercício de concentração preparatório que combine relaxamento profundo com imersão total no momento presente, libertando-o(a) de pensamentos do passado ou do futuro. Aqueles que já experimentaram o treinamento de atenção estarão familiarizados com esse processo. Você deve permitir que a tarefa monopolize sua atenção completa; qualquer distração ou tentativa de realizar várias tarefas ao mesmo tempo interromperá o *flow*. Nem é preciso dizer que *também* será necessário um período significativo ininterrupto, assim como um ambiente confortável e livre de interrupções externas. Se o seu trabalho é normalmente feito em computador e você está inclinado a se distrair com navegação casual da internet e verificação de e-mails, talvez seja melhor adicionar uma conta de usuário que não tenha nenhuma das diversões presentes na sua conta usual.

Você não pode se forçar a entrar em um estado de *flow*, e nem sempre conseguirá alcançá-lo, mas se criar as condições certas e, ainda mais importante, acreditar que consegue, então se tornará cada vez mais capaz de entrar nesse estado mais produtivo da mente.

---

### Atividade — pergunte a si mesmo(a)

Que medidas pretendo introduzir para reduzir as distrações e interrupções? Enumere as suas respostas e decida quais medidas irá implementar imediatamente e quais implementará mais tarde.

## Aprenda a dizer "não"

Uma grande parte do processo de se organizar consiste em permanecer no controle da sua carga de trabalho. Se você sempre disser "sim" aos pedidos que recebe, perderá esse controle. Você se sobrecarrega, se estressa como resultado e, ao dizer "sim" a pedidos sem importância, pode se sentir incapaz de cumprir seus objetivos principais. Há uma série de razões pelas quais dizer "não" pode ser difícil:

- Você não quer parecer ter má vontade e, como consequência, prejudicar suas chances de crescimento.
- Você está preocupado que possa desagradar aos outros ou magoar os seus sentimentos.
- Você subestima o aumento da pressão a que estará sujeito(a) ao dizer "sim".
- Você simplesmente não percebe que dizer "não" é uma opção.

É claro que você não quer ter uma reputação ruim — um "não" automático pode ser pior do que um "sim" automático. Se você está no processo de se estabelecer em um emprego novo ou grupo de interesse, talvez precise dizer "sim" mais vezes do que o desejado. É importante estabelecer um limite com habilidade e assertividade, e reconhecer que é impossível agradar a todos o tempo todo. Decida quais pedidos você precisa recusar, perguntando-se a si mesmo:

- Como isso se encaixa nos meus objetivos principais?
- A minha situação será afetada se eu disser "não"?
- Do que terei que desistir ou o que terei que adiar para realizar essa tarefa? Qual será o efeito em meus outros objetivos?
- Aceitar essa responsabilidade resultará em qualquer efeito negativo na minha vida pessoal — aumento de estresse, intrusão no meu tempo livre?
- Perderei alguma oportunidade de desenvolver uma nova habilidade se não o fizer?

Tente uma abordagem de balanço — vantagens de um lado, desvantagens do outro — quando a escolha for difícil.

## Como fazer

Há três maneiras de abordar o "não".

### Abordagem agressiva

Queixa-se em voz alta de estar sobrecarregado(a) e tomado como certo. Acusa a pessoa que fez o pedido de não ser razoável, reclama muito ou começa a chorar.

### Abordagem tímida

Responde o pedido com tentativas murmuradas de atrasar uma decisão. A pessoa que fez o pedido não sabe exatamente se a tarefa foi aceita ou não. Gasta energia preocupando-se com o pedido e acaba o fazendo com ressentimento.

### Abordagem assertiva

Indica prazer em ser considerado para a tarefa, mas explica de forma sucinta e educada por que é incapaz de responder "sim". Sugere possíveis alternativas e especifica o apoio que pode oferecer a quem a assumir.

Obviamente, a terceira abordagem é aquela que deve ser considerada. A pessoa que faz o pedido entende as razões de sua resposta, mas não se afasta do encontro com raiva, e você não prejudica sua reputação de pessoa prestativa e positiva. Muitas vezes é o medo do confronto que nos leva a dizer "sim" mais frequentemente do que deveríamos. A técnica de visualização introduzida no capítulo 2 pode ajudar na preparação de encontros potencialmente difíceis.

Quando confrontado(a) com um pedido inesperado ou colocado(a) na difícil situação de dar uma resposta imediata, pode ser difícil avaliar os prós e contras da proposta, além de haver uma tendência a responder "sim" e mais tarde se arrepender. Em tais circunstâncias, peça tempo para considerar o pedido e apresente as suas razões; por exemplo, a necessidade de estudar que impacto a atividade terá na sua carga de trabalho. Se você estiver lidando com uma pessoa pé no chão, espera-se que ela reconheça a validade do seu pedido e concorde com uma resposta atrasada.

Tome cuidado especial com os compromissos que não são imediatos, mas requisitados para algum momento no futuro — um pedido para fazer uma apresentação em uma conferência, por exemplo. Quando o evento está a três meses de distância, é fácil ser otimista quanto ao tempo que você levará se preparando para ele, mas à medida que o dia se aproxima e sua agenda está cada vez mais lotada, a tarefa adicional se torna indesejada, e você acaba se arrependendo de um trabalho apressado que não faz jus à sua competência. Ter consciência de suas prioridades, clareza sobre sua programação e controle sobre o planejamento de suas tarefas são as maneiras de garantir que você não caia nessa armadilha.

### Atividade — pergunte a si mesmo(a)

Que situações e indivíduos no meu local de trabalho devem ser tratados de forma mais assertiva? Como posso me preparar para dar respostas mais assertivas?

### Resumo

Você pode alcançar maior eficácia nos aspectos de seu trabalho que envolvem outras pessoas:

- ajudando a garantir que as reuniões a que assiste são o mais produtivas possível;
- delegando tarefas da maneira certa e pelas razões certas;
- trabalhando ativamente para vencer distrações e interrupções;
- aprendendo a dizer não assertivamente.

# 6
# Organize o seu espaço

A forma como você organiza o seu espaço pode ter um efeito considerável na sua produtividade — poupando tempo, evitando fadiga, permitindo-lhe concluir tarefas mais rapidamente. Mas é muito fácil habituar-se a um ambiente de trabalho que não é o ideal, e faz sentido rever a ergonomia do seu espaço de trabalho de vez em quando. Você pode se perguntar o seguinte:

1. Há espaço e ordem em sua área de trabalho para permitir que você trabalhe confortavelmente e sem distrações?

2. Há espaço adjacente ao seu computador para quaisquer papéis de que você precise enquanto trabalha nele?

3. Você tem uma cadeira confortável e ajustável?

4. A mobília do seu escritório está bem posicionada para as suas diferentes necessidades — trabalhar na sua mesa, usar o computador, encontrar-se com colegas ou clientes?

5. Os acessórios e equipamentos que você usa estão acessíveis quando você precisa deles? Fique de olho na natureza mutável do seu trabalho. É frequente deixarmos livros de referência ou equipamentos em locais de fácil acesso muito depois de terem deixado de ser parte da nossa rotina diária, enquanto outras coisas que assumiram maior importância ficam fora do nosso alcance.

6. Seus armários, gavetas e estantes estão cheios de itens de que você não precisa?

7. Seu equipamento de armazenamento é adequado para os itens que você precisa manter nele?

8   Os monitores de computador estão devidamente posicionados? Eles estão na altura certa (o topo da tela não está acima do nível dos olhos), não estão sujeitos à luz refletida ou a contrastes extremos e estão a uma distância adequada para evitar a tensão nos olhos e na coluna?

9   Você consegue manter uma postura confortável e equilibrada ao usar o teclado, com os antebraços, pulsos e mãos em linha reta e sem a necessidade de apoiar os antebraços ou pulsos em bordas afiadas?

10  Vale a pena ter de lidar com problemas associados ao uso extensivo de *laptops* ou *tablets*? Ambos tendem a promover uma postura encolhida que pode levar a problemas nas costas e no pescoço. Se você usa um *laptop* como seu computador principal, pode considerar um teclado e monitor separados.

## A importância do movimento

Pesquisas recentes têm enfatizado a importância do movimento regular para a nossa saúde. Passamos muito em frente ao computador, e seria melhor para nossa saúde se nos levantássemos mais ou menos a cada 15 minutos. E o que é bom para o nosso bem-estar também faz diferença no que diz respeito à concentração e à motivação. Ficar de pé e caminhar regularmente pode ajudar a nos manter nos eixos.

Também parece haver um elemento psicológico envolvido quando trabalhamos de pé: sentimos um senso maior de urgência para completar a tarefa e nos tornamos menos sujeitos a distrações. Os participantes da pesquisa relataram que, desta maneira, melhoraram o foco e reduziram a tentação de passar de uma tarefa para outra.

Para aqueles que desejam introduzir maior atividade em pé, existem várias estações de trabalho em pé, bem como suportes de teclado e monitor de altura ajustável que lhe permitirão adaptar uma mesa existente. É claro que passar muito tempo em pé pode trazer seus próprios problemas de saúde, então alternar entre as duas posições é a melhor opção. Você pode considerar a possibilidade de se levantar para realizar determinadas tarefas como fazer ligações telefônicas, ler documentos em papel ou *tablet* e ditar mensagens usando um *software* de reconhecimento de voz.

## Organize o seu espaço de trabalho

O espaço de trabalho desarrumado é uma fonte potente de tempo perdido e estresse desnecessário. Organizá-lo é um compromisso concreto na busca por uma forma mais eficaz de produzir. A área em torno da sua mesa é a parte mais importante do seu escritório, e pode parecer o ponto de início mais óbvio; porém, sugiro que você comece limpando armários e gavetas, a fim de liberar espaço para acomodar itens que estão ocupando sua mesa.

### Arrume armários, gavetas e estantes

Esses são locais úteis para esconder coisas de que você não precisa. Comece pelos armários mais afastados da sua mesa — é provável que tenham a maior proporção de material redundante, intocado pelas limpas anteriores — e caminhe gradativamente para os mais próximos dela. Dessa forma, você sempre terá espaço para abrigar itens que estão atualmente obstruindo áreas de trabalho mais imediatas. Jogue o lixo fora impiedosamente. Se há itens que não podem ser descartados, mas que precisam ser pouco consultados, coloque-os em caixas de arquivo ou em outro local de armazenamento de longo prazo. Lembre-se de anotar o conteúdo da caixa e arquivá-la onde poderá encontrá-la no futuro. Mexa em todos os seus armários e gavetas, descartando lixo, agrupando itens semelhantes e certificando-se de que objetos como caixas de arquivo estejam claramente rotulados. Com estantes, é mais prático tirar tudo das prateleiras e depois reorganizar de acordo com o assunto. O fato de livros terem tamanhos diferentes significa que você não será capaz de alcançar uma organização perfeita, e não deve desperdiçar tempo tentando. O que você deve fazer é organizar seu material para que possa rapidamente pegar aquilo de que precisa quando a necessidade surgir.

## *Ordene a sua área de trabalho*

Mesmo com a explosão da comunicação eletrônica nos últimos anos, muitos de nós ainda temos que lidar com grandes quantidades de material impresso no trabalho. Eu costumava fingir que conseguia trabalhar bem com uma mesa desarrumada. Apesar das várias pilhas de papel, às vezes ameaçando me engolir, eu afirmava que poderia achar qualquer documento, e que mudar minha atenção de uma tarefa para outra me mantinha afiado durante o meu dia de trabalho. Besteira, claro. Os papéis supérfluos nos distraem do trabalho em questão tanto quanto as interrupções e os telefonemas. É muito fácil acabar andando em círculos ao redor de uma mesa lotada, pulando de uma tarefa para outra em vez de se concentrar o suficiente para completá-las. A presença de uma grande quantidade de documentos também serve como uma desculpa para o adiamento de uma atividade. Quando você está lutando com uma tarefa, é a coisa mais simples do mundo decidir focar sua energia e atenção em outra aparentemente mais simples, que esteja no topo de uma pilha próxima.

A busca por documentos pode desperdiçar quantidades consideráveis de tempo e provocar mais distrações. Basta considerar o número de vezes que você precisa revirar as pilhas em sua mesa quando um pedido ou telefonema convoca a presença de determinado pedaço de papel. As pesquisas sugerem que 15 minutos por dia é uma estimativa bastante conservadora. Não parece ser muita coisa, não é mesmo? Mas quando você considera que 15 minutos por dia equivalem a uma semana e meia por ano, o desperdício é muito mais aparente. O que você poderia fazer com esse tempo? Se a sua desorganização o leva a gastar trinta minutos por dia procurando por coisas, então a recompensa por uma maior disciplina é ganhar quase três semanas de atividade produtiva.

A desorganização do ambiente de trabalho também destrói a sua capacidade de estabelecer prioridades. Na mesma pilha pode haver notas rabiscadas, relatórios incompletos, cartas importantes e lixo completo. Todos partilham um destino comum — a sua importância só é considerada quando chegam ao topo da pilha ou quando são encontrados enquanto você busca por outra coisa.

Também há a pura ineficiência de tudo isso: toda vez que você inicia uma tarefa, tem que limpar seu espaço, empurrando a atividade anteriormente incompleta para pilhas ainda mais altas. Os mesmos itens passam por suas mãos inúmeras vezes, reaparecendo na confusão dos papéis. Você desperdiça energia em coisas que deveriam ter sido descartadas assim que as viu; perde prazos porque os documentos que o(a) lembrariam deles estão enterrados debaixo de outros; e até se encontra revirando o lixo em busca daquela informação importante que se lembra de rabiscar em um pedaço de papel, que parecia não fazer sentido quando o tirou da pilha esta manhã.

Por fim, há o estresse. Enquanto sua papelada espalhada for uma massa amorfa, ela representa uma potente fonte de inquietação. Você não está totalmente certo(a) do que se esconde nessas pilhas e elas permanecem como um lembrete sempre presente de que você não está dando conta do seu trabalho. Muitas vezes, saber que há tarefas a serem feitas é mais estressante do que realmente fazê-las.

Está convencido(a)? Tudo o que resta agora é fazer algo sobre isso. Utilize os seguintes indicadores para estabelecer maior ordem no seu ambiente de trabalho:

- Não permita papéis soltos ou pilhas não controladas na sua mesa. Recomendo o uso de três bandejas onde você possa organizá-los. A primeira para documentos dos quais você ainda precisa tratar, a segunda para itens que você precisa revisitar e a terceira para papéis com os quais você já lidou, mas ainda tem que arquivar. Assegure-se de que cada bandeja mantenha a sua função original e que nenhuma se transforme em uma pilha geral.
- Tenha uma cesta de lixo facilmente acessível e faça mais uso dela do que das bandejas que organizou.
- Elimine informações rabiscadas em pedaços de papel e notas adesivas; substitua-os por um único bloco de notas.

- Expulse o excesso de tralhas pessoais de seu espaço de trabalho. Os acessórios e equipamentos na sua mesa devem ser itens que você usa diariamente. Outras coisas podem ser mantidas por perto, mas longe da sua superfície principal de trabalho. Há uma vantagem psicológica para a ausência de desordem, bem como uma vantagem física.
- Construa o hábito de organizar sua mesa no final de cada dia.
- Se o estado atual de sua mesa representar um grande desafio, use as sugestões da próxima seção, sobre a eliminação de pilhas de papel. Costumamos associar uma mesa lotada com um proprietário ocupado, e todos gostamos de pensar em nós mesmos como ocupados. Lembre-se, no entanto, que você pode estar ocupado, mas ao mesmo tempo agir de maneira incompetente e improdutiva.

## *Não negligencie a área de trabalho do seu computador*

Assim como no espaço físico da sua mesa, você deve se preocupar em eliminar a confusão que impede o uso do seu computador. Um *desktop* desordenado pode ser uma grande fonte de distração e tornar mais difícil encontrar as coisas de que você precisa no dia a dia. A prática infeliz de salvar *downloads*, fotos, capturas de tela e arquivos individuais na área de trabalho pode ficar fora de controle rapidamente, e pode ser agravada por novas instalações ou atualizações de *software* que também criam ícones adicionais na área de trabalho. Se você é afligido(a) pela desordem do seu *desktop*, os seguintes tópicos podem ajudá-lo(a) a se tornar mais produtivo.

1. Use pastas determinadas — documentos, fotos, *downloads* — para armazenar novos materiais e organizá-los de acordo com o conselho presente no capítulo 7.
2. As capturas de tela podem ser guardadas em uma pasta com esse nome ou, de forma mais útil, agrupadas com outros materiais relevantes em um aplicativo, como o OneNote ou o Evernote (ver capítulo 8).

**3** Fixe os aplicativos que você usa regularmente na barra de tarefas ou use o menu para iniciá-los. Livre-se de atalhos desnecessários na área de trabalho.

**4** Se você sente que precisa ter uma multiplicidade de ícones em sua área de trabalho, então pode testar maneiras de organizar seu *desktop*, como o Fences (Windows), o Drag Thing (Mac) ou uma das inúmeras alternativas, muitas delas disponíveis de graça.

**5** Só coloque arquivos em que você está trabalhando ou arquivos temporários em sua área de trabalho, e seja diligente de modo a removê-los ou enviá-los para um local de armazenamento permanente depois de ter concluído a tarefa que os envolvia.

**6** Use as sofisticadas ferramentas de pesquisa dos computadores atuais para localizar itens que você pode ter perdido em vez de escolher a opção "segura" de mantê-los na área de trabalho.

**7** Escolha um fundo de tela suave e agradável, que você não vai querer encobrir com ícones.

**8** Use o recurso para criar vários desktops do Windows e do Mac se quiser superar a confusão que pode ocorrer quando vários aplicativos são abertos simultaneamente.

**9** Use as opções "arquivos recentes", "acesso rápido" ou "linha do tempo" em seu sistema operacional ou em seus aplicativos para retornar aos arquivos nos quais você trabalhou recentemente.

**10** Revisite a área de trabalho do seu computador regularmente e remova qualquer desordem que tenha se acumulado.

## Elimine pilhas de papel

A perspectiva de enfrentar as pilhas de papel que se acumularam em sua mesa e em seu escritório pode ser intimidadora, mas ao reservar algum tempo para uma checagem disciplinada, você pode se livrar delas e eliminar o peso psicológico de sua presença.

Além dos itens que precisam de uma ação de sua parte ou que devem ser direcionados a outros, é provável que suas pilhas de papel consistam de documentos (relatórios, periódicos, etc.) que você reservou para serem lidos mais tarde, itens que não foram arquivados e coisas com as quais você não tinha certeza do que fazer.

Seu objetivo é analisar todas as pilhas; você não deve ficar atolado(a) em papéis. Então prepare-se para atacá-las e lidar rápida e decisivamente com o seu conteúdo (figura 6.1):

- **Nomeie quatro pastas, bandejas de arquivamento ou cestos da seguinte maneira: Resolver, Distribuir, Ler e Arquivar.**

  Certifique-se de que você tem sacos de plástico resistentes o suficiente para a categoria mais importante — a pilha de descarte.

- **Aborde a tarefa com a visão de que a maioria dos itens será descartada.**

  É provável que qualquer relevância que esses itens tenham tido quando se juntaram à pilha já tenha diminuído. Não repita a indecisão anterior. Em caso de dúvida, jogue fora.

- **Não perca tempo lendo itens.**

  Dê uma olhada a ponto de determinar se eles são necessários e, em caso afirmativo, coloque-os na bandeja ou no cesto correspondente.

- **Não arquive ou tente resolver os itens que encontra à medida que avança na pilha; você ficará atolado(a) e distraído(a).**

  Fique à vontade para marcar itens de maneira que auxilie suas ações futuras, mas mantenha o seu objetivo principal — terminar de analisar a pilha.

- **Folheie revistas e periódicos rapidamente.**

  Arranque as páginas que contêm os artigos que você deseja guardar e jogue o resto fora. Não pare para ler nenhum deles nesta fase.

- Depois de ter percorrido as pilhas, volte a sua atenção para as quatro bandejas.

Agende um horário para lidar com as tarefas de leitura e arquivamento e use um "sistema de antecipação", organizando uma pasta com divisórias ou lembretes em seu aplicativo de gerenciamento de informações para determinar quando atenderá aos itens marcados como "resolver".

**Figura 6.1**   Eliminar as pilhas de papel

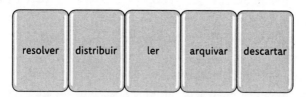

Assim, uma tarefa assustadora pode tornar-se uma válvula de escape de estresse.

## Mantendo seu espaço de trabalho organizado

Então você conseguiu organizar o seu escritório. As coisas que você usa regularmente estão à mão, você jogou o lixo fora e limpou as pilhas de papéis. E agora, como manterá o espaço assim?

A resposta é, receio eu, chata. Tem muito a ver com o desenvolvimento de hábitos positivos de trabalho:

- Mova a papelada rapidamente pelas categorias de acordo com os cinco Ds descritos no capítulo 4.
- Em caso de dúvida, jogue fora!
- Não utilize a sua mesa como um arquivo — utilize pastas de projeto ou organize "sistemas de antecipação" para trabalhos em curso.
- Mantenha suas necessidades de equipamentos sob análise. Os itens que você usa regularmente ainda estão nos lugares mais acessíveis?

- Não transfira pilhas de papel em sua mesa para outras partes do escritório.
- Tente arquivar documentos diariamente. Quando você remover itens de seus arquivos, crie o hábito de devolvê-los ao lugar o mais rápido possível.

## Organize sua casa

Tudo o que foi escrito sobre a organização do seu espaço de trabalho aplica-se igualmente à sua casa. Se você está vivendo em meio à confusão, isso afetará sua capacidade de fazer as coisas que quer fazer, tanto em termos de trabalho quanto de lazer. E uma casa desorganizada é ainda mais perigosa do que um espaço de trabalho desorganizado — estabelecemos uma ligação psicológica com muitas das coisas que trazemos para casa, e podemos mostrar um grau surpreendente de relutância em descartar itens que há muito tempo já não têm utilidade. Além disso, em casa temos muito mais lugares onde podemos acumular nossa desordem.

A desordem não é só feia; ela também gera uma grande perda de tempo. A lista de coisas que procuramos em casa pode ser bastante longa: ferramentas, utensílios, artigos de papelaria, chaves, livros e revistas, roupas e sapatos, cartas, contas e recibos, DVDs e CDs, fichários e agendas, por exemplo. Você pode até pensar em algumas categorias adicionais que se aplicam ao seu caso em particular. Tire um momento para se perguntar quais são os itens que você gasta mais tempo procurando e por que perde a noção de sua localização. Poderia ser porque eles não têm locais de armazenamento habituais? Ou será porque os itens em questão estão misturados com muitos outros que já deveriam ter sido descartados? É uma boa ideia realizar uma auditoria de sua própria situação durante alguns dias, como forma de direcionar sua ação.

Como você pode, então, organizar o seu espaço em casa para acompanhar o avanço na organização da sua área de trabalho?

Uma opção é começar fazendo uma checagem semelhante à que descrevi anteriormente, em relação ao espaço de trabalho do escritório; mas não tente organizar a casa inteira de uma só vez. Foque em um cômodo de cada vez. Novamente, separe os itens em quatro categorias, mas desta vez marque-os como itens para manter, itens para armazenar, itens para doar e itens para descartar. Seja particularmente impiedoso com a categoria "itens para armazenar". Diferentemente do arquivamento de documentos, você pode ter certeza de que a maioria das coisas que empilhou em sua casa nunca mais será necessária.

Preciso reconhecer que, muitas vezes, precisamos ultrapassar uma barreira psicológica significativa neste processo. É o obstáculo do "nunca se sabe quando isso vai ser útil", e admito ter sido afetado por ele também. É importante ser duro(a) consigo mesmo(a), desafiando a suposição de que algo "pode ser necessário" e cedendo apenas nas circunstâncias mais convincentes.

Uma vez que você tenha decidido o que vai manter, certifique-se de que há um lugar adequado para tudo. Devolver itens para uma pilha começará o ciclo de desordem novamente. Trabalhe arduamente durante as próximas três ou quatro semanas para devolver os itens ao seu lugar apropriado, até que tenha construído um hábito regular. Enquanto isso, é uma boa ideia realizar um descarte no final de cada dia, ao guardar as coisas. Assim como em seu espaço de trabalho, tome cuidado para abrigar as coisas que usa frequentemente em locais mais acessíveis.

Assegure-se de que tem o armazenamento adequado para as coisas que vai guardar. Ter um sistema de arquivamento para a papelada essencial é muitas vezes uma prioridade tanto em casa como no escritório. Caixas empilháveis podem ser úteis para objetos que não estão prontamente alojados em gavetas ou armários. Certifique-se de que os rotulou apropriadamente e que manteve itens semelhantes juntos, para que não tenha que vasculhar tudo sempre que quiser um único item.

Sempre haverá itens que são difíceis de categorizar, e mesmo as famílias mais organizadas tendem a ter uma gaveta de lixo miscelânea em algum lugar. Não se espera que você elimine isso completamente, mas é importante verificar seu conteúdo de tempos em tempos, com o objetivo de decidir se os itens podem ser agrupados com outros em outros lugares.

Ao trabalhar para construir um hábito de organização, preste especial atenção aos lugares onde as coisas tendem a se acumular — a mesa da cozinha, por exemplo, ou perto da porta da frente. Crie uma regra em que, para cada novo móvel ou equipamento que adquirir, precisará se livrar de algo. Se você tem uma grande quantidade de um mesmo item, pergunte-se de quantos deles você realmente precisa, e livre-se do excesso.

### Atividade — pergunte a si mesmo(a)

Quais devem ser as minhas prioridades em termos de organização do espaço?

1. Disposição e ergonomia de móveis e equipamentos.
2. Armazenamento desorganizado e espaço de mesa.
3. Coisas acumuladas no trabalho e em casa.

Identifique as questões a serem tratadas em ordem de importância, e inclua-as na sua lista mestre de "coisas a fazer".

### Resumo

Os aspectos-chave da organização do seu espaço são:

- organizar seus móveis e equipamentos para maximizar a segurança, o conforto e a produtividade;
- liberar tempo e espaço reorganizando a sua mesa e o seu armazenamento;
- reduzir o estresse ao eliminar pilhas de papel no seu escritório;
- combater a desordem em sua casa.

# 7
# Organize sistemas de arquivamento

Até pouco tempo, um capítulo como este teria sido todo sobre o armazenamento físico de documentos em papel. Hoje, precisamos levar em conta a enorme quantidade de informação que nunca chega a ser impressa — e-mails, páginas da internet, arquivos eletrônicos compartilhados —, bem como as opções de armazenamento eletrônico de documentos em papel. Vamos falar sobre este último no final do capítulo, mas primeiro vamos considerar a organização dos arquivos que residem no seu computador ou na nuvem. Note que o fornecimento de armazenamento centralizado para toda a empresa é uma questão fora do âmbito deste livro.

## Organizando arquivos de computador

Você pode achar que, com todas as ferramentas sofisticadas de gerenciamento de arquivos e busca disponíveis, a atenção à organização dos arquivos do seu computador é desnecessária. Para usuários de sistemas operacionais recentes, a entrada de uma única palavra ou frase na caixa de pesquisa do menu é suficiente para gerar uma lista instantânea de todos os arquivos contendo esse termo. No entanto, continuo a defender veementemente um agrupamento simples e lógico de material em pastas e subpastas. Essa organização leva muito pouco tempo, torna o arquivamento mais simples, e haverá ocasiões em que será mais fácil ir a uma subpasta onde você sabe que pode localizar um arquivo do que tentar se lembrar de um nome ou uma palavra-chave para executar uma pesquisa. Além disso, se você estiver criando um monte de arquivos com conteúdo semelhante, a pesquisa na área de trabalho poderá não ser de grande ajuda.

Por motivos óbvios, você deve garantir que as pastas que criou estejam separadas de quaisquer arquivos de programa do seu computador. O uso da pasta "Documentos" fornecido pelo seu sistema operacional facilita a localização, o *backup* e a prevenção de apagamento acidental.

Sugiro que você então decida qual será o seu diretório de armazenamento dos documentos mais importantes. Não é útil entrar em detalhes sobre isso, pois o melhor arranjo dependerá da natureza e do volume do seu trabalho. Minha abordagem preferida é criar uma pasta principal a cada ano para documentos comuns (arquivos de texto, planilhas, apresentações etc.), pois isso permite um arquivamento fácil e evita que subdiretórios de documentos de rotina fiquem fora de controle. No entanto, a natureza do meu trabalho é tal que eu crio um número limitado de documentos bastante grandes e, para aqueles com um grande volume de arquivos, talvez seja necessário equilibrar entre as pastas atuais e de as de arquivo. Muitos preferem que agrupamentos como "clientes", "fornecedores", "projetos" etc. sejam as pastas mais importantes, e transferem regularmente os arquivos de trabalhos já concluídos para pastas com nomes semelhantes. Qualquer que seja a sua escolha, dentro dos seus diretórios principais, configure subpastas para as diferentes categorias de atividades e documentos que criar.

Quando tiver chegado ao agrupamento mais lógico para atender às suas necessidades, é importante manter esse sistema. Se acabar com um número excessivamente grande de subpastas dentro de uma pasta, talvez precise dividi-la ou indexar as subpastas de alguma forma.

Escolher os nomes dos arquivos também é uma questão de simplicidade e acessibilidade. Será muito útil se eles tiverem nomes que significam algo para você, facilitando sua procura. Você não quer a irritação e a perda de tempo de abrir um arquivo e descobrir que ele não é o que você pensou que era. Se o seu *software* oferecer automaticamente um nome de arquivo baseado nos cabeçalhos usados para o documento, esse pode às vezes ser adequado, mas frequentemente esses nomes são muito longos, e você deve tomar cuidado se está produzindo uma série de documentos que têm títulos semelhantes. Documentos como cartas ou notas de reuniões podem ser bem guardados com um nome e uma data (o formato AAAA/MM/DD garante que serão ordenados por data — por exemplo, Bloggslet20191215 ou Safetymtg2019090326), para que outros documentos relacionados com a mesma pessoa ou reunião possam ser facilmente identificados. É claro que, se você criar muitos documentos relacionados ao mesmo assunto, organização ou indivíduo, faz mais sentido agrupá-los em uma subpasta. Para projetos, geralmente é útil ter arquivos de todos os tipos — arquivos de texto, apresentações, planilhas — dentro da mesma pasta.

Não tente salvar tudo. Os arquivos de computador são muito mais fáceis de armazenar e recuperar do que os de papel, mas guardar coisas desnecessárias pode resultar em pastas confusas com consequente dificuldade em encontrar os itens que você quer. Normalmente faz sentido livrar-se de rascunhos e documentos de trabalho que foram salvos no caminho e manter apenas a versão final. No entanto, se houver uma boa razão para manter alguns documentos de trabalho, certifique-se de que estão claramente identificados como tal.

Elimine e-mails desnecessários e mantenha apenas aqueles que requerem mais ações ou que contenham informações das quais você possa precisar no futuro. Crie pastas para os e-mails que você vai manter e habitue-se a arquivá-los rotineiramente, em vez de deixá-los em sua caixa de entrada. Defina as configurações de arquivamento para que as pastas atuais sejam limpas de mensagens antigas em intervalos regulares. Também revise os favoritos do navegador e as páginas da web salvas; é igualmente provável que eles se tornem desatualizados rapidamente.

## Arquivando documentos em papel manualmente

Independentemente das tecnologias que você tem ao seu dispor, é provável que continue a haver alguns documentos que você manterá em papel. Podem ser documentos de trabalho relacionados a atividades recorrentes, arquivos originais que devem ser guardados por razões legais ou fiscais, ou itens que simplesmente seria um incômodo digitalizar e armazenar eletronicamente. Em alguns ramos de trabalho, o armazenamento de documentos em forma de papel é ainda muito normal.

Até 85 por cento do material armazenado em arquivos nunca mais são retomados. Isso significa que, para cada cinco documentos cuidadosamente categorizados, perfurados e arquivados, possivelmente apenas um será necessário no futuro. E é bem provável que o documento necessário seja frustrantemente difícil de localizar. É um caso dos 85% de que você não precisa atrapalhando o caminho até os 15% que são realmente úteis.

É difícil prever com certeza os documentos que serão novamente necessários. Algumas coisas precisam ser armazenadas "só por precaução", mas você pode reduzir drasticamente o infortúnio de arquivar e não encontrar os documentos de que precisa utilizando com mais confiança a opção "descartar" quando receber o material. O arquivamento não é uma questão de guardar um documento quando não sabe o que fazer com ele e não quer deixá-lo na sua mesa. Um documento só deve ser armazenado quando não puder ser facilmente acessado em outro local e houver uma possibilidade clara de ser necessário no futuro.

Se você conseguir se afastar de uma mentalidade de arquivamento defensivo — "melhor guardar, só para precaução" — e se aproximar de um estado de espírito ofensivo, terá tem muito mais chance de conseguir um sistema de arquivamento enxuto e eficiente que funcione para você. Cada vez que considerar arquivar um documento, pergunte a si próprio(a): "Como esse documento será útil no futuro?" Se não tiver uma resposta convincente, livre-se dele.

Além do arquivamento defensivo, há uma série de outros problemas comuns de armazenamento. Quantos dos seguintes se aplicam ao seu caso?

- Informação arquivada em local inapropriado?
- O sistema de arquivamento não é estruturado, ou há uma estrutura que não é mantida?
- Não foi considerado um agrupamento adequado de itens para permitir a fácil recuperação destes?
- Falha na eliminação de material obsoleto?
- Esquecer quais arquivos você já tem e configurar pastas que duplicam as categorias de informações existentes?
- Arquivar materiais que são facilmente acessíveis em outro lugar?
- Configurar muitas categorias dentro de um sistema, tornando-o incontrolável?
- Uso de equipamento de armazenamento inadequado para tipos específicos de material (por exemplo, pastas suspensas forçadas por estarem sustentando relatórios e periódicos pesados)?
- Tempo gasto à procura de coisas que foram mal arquivadas?
- Indecisão sobre onde colocar as coisas?
- Arquivos desaparecidos que foram "emprestados" por uma pessoa ou por pessoas desconhecidas?

A sua escolha de onde e como armazenar seus documentos deve levar em conta a frequência com que você precisa consultar os arquivos.

## Projetos e atividades em andamento

Estes são arquivos que você pode precisar consultar várias vezes no decorrer de um dia, e por isso devem ser mantidos em gavetas de mesa ou em um carrinho de arquivamento que fique ao seu lado. Além de arquivos para projetos individuais ou tarefas em andamento, você pode querer nomear um arquivo para correspondências pendentes, outro para leituras e outro para reuniões. Eles podem ajudá-lo a evitar a tendência de colocar coisas de volta em sua bandeja ou a criar pilhas na sua mesa. Se você escolher essa abordagem, precisa tomar cuidado para que esses arquivos não se tornem áreas de despejo geral. Arquivos marcados como "para ler" são particularmente propensos a isso. Arquivos gerais também podem fazer com que informações relacionadas a datas sejam negligenciadas — uma leitura preparatória para uma reunião, por exemplo, ou uma correspondência que precisa ser respondida até determinada data. Use uma pasta com divisórias com um sistema de prioridades para superar esse problema.

## Pasta principal de referência

Seu sistema de arquivamento principal deve ser destinado àquilo que você precisa consultar de tempos em tempos. Projetos e atividades em curso devem ser mantidos lá, desde que valha a pena guardá-los. Não transfira todos os arquivos de atividades em curso para seu armazenamento principal quando essas atividades forem concluídas. Muitas vezes, estarão cheios de documentos de trabalho e rascunhos que não têm mais utilidade. Jogue o lixo fora sem medo se quiser ter em mãos as coisas mais importantes.

## Configurando um sistema de arquivo manual

Primeiro, decida quais são as grandes divisões em que pretende agrupar os seus arquivos. Estas vão depender claramente da natureza do seu trabalho, mas alguns exemplos úteis de títulos de categoria são: clientes, funcionários, projetos e administração. Você pode querer considerar configurar esses arquivos por cor dentro de cada categoria, para que possa rapidamente encontrar o que procura. Isso é particularmente útil quando você está usando um sistema de arquivamento lateral em vez de um armário de arquivamento com gavetas. A ordem alfabética é normalmente a disposição mais conveniente para arquivos individuais dentro de uma categoria.

Ao decidir os títulos para arquivos individuais, escolha a descrição mais ampla possível de acordo com a capacidade de gerenciamento.

Evite dividir arquivos muito grandes em momentos muito pequenos e, igualmente, não crie pastas que contenham apenas alguns documentos. Nenhuma dessas práticas leva à fácil recuperação de um documento, que é a única razão pela qual você está envolvido nessa tarefa de organização. Se as lombadas dos seus arquivos forem grandes demais, é melhor deixar os documentos em pilhas. Não tente prever todos os arquivos dos quais você pode precisar no futuro — você vai acabar com algumas pastas vazias se o fizer — mas lembre-se que seu sistema precisa se expandir racionalmente, então deixe espaço dentro de arquivos e seções para que isso aconteça. Mantenha os títulos curtos e simples e tente evitar descrições vagas ou pouco nítidas.

Arquivos diversos são como buracos negros, sendo difícil encaixá-los em qualquer uma das categorias existentes, mas com o tempo seus conteúdos podem ser agrupados em novas categorias, e por isso é importante revisá-los regularmente, dividindo-os e criando arquivos conforme necessário.

Selecione o armazenamento adequado ao material. Use arquivos de gaveta ou caixas para relatórios volumosos e periódicos, e não pastas suspensas. Considere também se você precisa armazenar cópias de revistas e periódicos. Destacar as páginas importantes ocupará muito menos espaço e será muito mais fácil encontrar o item desejado.

## Arquivando documentos

Se estiver seguindo os procedimentos de tratamento de informação recomendados no capítulo 4, já terá eliminado o que não vale a pena guardar. Aqui estão algumas dicas adicionais para assegurar que o seu armazenamento de papel é gerido o mais eficazmente possível:

**1** Faça uma anotação indicando o arquivo de destino pretendido na parte superior de qualquer documento que tenha decidido arquivar. Isso evita que você tenha que reler e decidir o destino na hora que for arquivar o documento.

**2** Se você não tiver certeza sobre onde colocar um item, pense no contexto mais provável no qual você poderá precisar dele no futuro.

3 Mantenha uma lista de seus arquivos à mão para refrescar sua memória ao decidir onde arquivar um item, e para evitar a abertura de novos arquivos que se sobreponham aos que já existem.

4 Não arquive cópias impressas de informações já armazenadas no computador. Garanta uma estrutura de diretórios sensata para seus arquivos de computador com *back-up* confiável. É mais rápido de fazer, mais fácil de encontrar e corrigir e ocupa menos espaço.

5 Não arquive material que esteja prontamente disponível em outras fontes como o autor do documento, arquivos centrais, fontes de referência da internet etc.

6 Crie um hábito de arquivamento. Gastar um pouco de tempo regularmente é muito mais simples do que tentar eliminar uma grande pilha de documentos de uma vez. Tente arquivar diariamente, se possível.

7 Se você estiver tentado a arquivar um item que não se deu ao trabalho de ler, pergunte a si mesmo: "Por quê?".

8 Se é comum perder a localização de arquivos em seu escritório, pode ser interessante criar um sistema de localização simples. Mantenha algumas folhas A4 coladas nos armários, cada uma dividida em três colunas: nome de quem pegou um documento, localização e data de saída. Qualquer pessoa que peça emprestado um documento introduz os seus dados na folha e coloca-a no arquivo, ocupando o lugar do documento que retirou.

## Aparando e removendo seus arquivos

Sem atenção regular, seus arquivos podem sair rapidamente do controle. O tempo de armazenamento de um material varia muito — alguns itens tornam-se redundantes em questão de semanas, enquanto outros precisam ser mantidos por anos. Remover o que precisa ser descartado ou arquivado pode ser assustador. Se você estiver trabalhando com um arquivo e perceber que ele contém informações obsoletas, elimine-as na hora, mas não se deixe iniciar um longo processo de classificação que o(a) distraia da sua tarefa atual. Tente agendar uma revisão regular de seus arquivos. Você pode optar pelos métodos "*big bang*" ou "pouco e frequentemente". O primeiro consiste em uma checagem geral em todos os seus arquivos a cada, digamos, três meses. Já o último significa passar cinco ou dez minutos separando alguns arquivos de cada vez. Ambos têm desvantagens. Se você está sobrecarregado(a), o *big bang* tende a ser adiado até que aconteça um problema sério; e o método "pouco e frequentemente" requer certa atenção para criar um hábito.

Seja qual for a sua tarefa, você precisa ser implacável com o lixo e não mergulhar em tarefas derivadas. Se existem itens que foram extraviados, ou se um arquivo precisa ser mesclado com outro, basta colocar os itens onde eles precisam ficar e resistir à tentação de classificar o arquivo de destino, a menos que seja um com o qual você já tenha lidado. A vez desse arquivo chegará.

## Digitalizando documentos em papel

O armazenamento eletrônico de documentos tem a vantagem de poupar muito tempo e espaço ocupados pelos métodos tradicionais de arquivamento, bem como a de facilitar bastante o compartilhamento de dados e a recuperação de informações. No caso das pessoas que trabalham para organizações de grande porte, existem inúmeras empresas prontas para iniciar e gerenciar esse processo, de modo que o que se segue é aplicável apenas para quem trabalha em pequenas empresas, para trabalhadores independentes e para usuários domésticos que desejam fazer a sua própria digitalização em uma escala limitada. A capacidade cada vez maior e o custo cada vez menor do *hardware* necessário significam que um sistema de arquivamento eletrônico está dentro do escopo de qualquer usuário de computador. Para uma atividade em escala realmente pequena, você pode até mesmo usar seu *smartphone*, mas se precisar processar um número significativo de documentos, ajuda ter um *scanner* decente com um alimentador de folhas automático. O *software* necessário para digitalizar e salvar seus documentos geralmente vem junto com o *scanner*, mas uma atualização ou compra mais barata de um pacote de OCR (sigla em inglês para reconhecimento ótico de caracteres), como o OmniPage, geralmente adicionará mais sofisticação e facilidade de uso. O *software* que você utilizar deve permitir-lhe guardar os seus documentos digitalizados em qualquer um dos principais formatos, incluindo arquivos em PDF, que se tornou o padrão mundial para documentos compartilhados graças ao seu tamanho compacto, sua reprodução fiel de textos e gráficos e suas ferramentas de pesquisa.

## Fazendo a troca

Não espere adotar o arquivamento digital de maneira casual ou imediata. Levará tempo e planejamento e, nas fases iniciais, poderá significar mais trabalho em vez de menos. Mesmo com alimentadores automáticos de documentos, a digitalização continua a dar trabalho, e nem todos os itens vêm convenientemente em folhas soltas. Além dos itens que você sempre precisará manter, como originais em papel, pode haver documentos, como relatórios volumosos encadernados, que são simplesmente um incômodo muito grande para digitalizar em sua totalidade. Então é inevitável que você estabeleça um sistema dual por um tempo, mas progressivamente os itens armazenados em papel diminuirão e serão minoria. Você notará os benefícios ao ter maior certeza das informações que possui, ao passar menos tempo procurando por coisas, e ao usar menos papel e ocupar menos espaço com o armazenamento de documentos.

Até mesmo para um trabalhador independente faz sentido planejar e estabelecer uma ordem para a mudança de arquivo físico para digital, trabalhando a partir de uma data de início clara em que os documentos de determinado tipo serão arquivados. Por exemplo, você pode começar com as faturas recebidas e, em um estágio posterior, passar para outras formas de documentação. Lembre-se também de que há um número crescente de documentos que não necessitarão de digitalização porque já chegam em formato eletrônico. Relatórios, faturas e periódicos digitais podem ser arquivados junto com os que foram digitalizados. Se o seu objetivo é também digitalizar a maioria dos seus arquivos em papel, terá que levar em conta a escala de tal operação. O melhor jeito de fazer isso é gradualmente, em conjunto com a sua revisão de arquivos regular.

## Gestão dos documentos digitalizados

Uma vez digitalizados, os documentos podem ser tratados como qualquer outro arquivo de computador que você tenha criado e armazenado em sua biblioteca de documentos. No entanto, você pode querer considerar um aplicativo projetado especificamente para ajudá-lo(a) a gerenciar e recuperar documentos arquivados eletronicamente. Um líder de longa data neste campo é o PaperPort, mas há uma série de alternativas competentes, oferecendo recursos poderosos de pesquisa e recuperação, assistência com o processo de digitalização, conversão para arquivos PDF pesquisáveis e organização em pastas facilmente gerenciáveis, bem como a facilidade de utilizar o armazenamento em nuvem, permitindo que você compartilhe documentos ou acesse-os de qualquer um de seus dispositivos portáteis.

O armazenamento de documentos em formato eletrônico coloca maior ênfase na necessidade de cópias de segurança. Estabeleça um *back-up* automático e agendado de tempos em tempos para garantir que não sofra uma perda grande em seus registros no caso de uma falha grave do computador.

### Atividade — pergunte a si mesmo(a)

1. Que mudanças em meus métodos de armazenamento de informações ajudariam a me tornar mais organizado(a)?

2. Quais delas posso aplicar imediatamente, e quais terão que ser adiadas por agora ou inseridas ao longo do tempo?

3. Escolha um programa viável para as modificações propostas e registre-as na sua lista mestre.

## Como se organizar

**Resumo**

O armazenamento eficaz das informações requer:

- clareza sobre o que vale e o que não vale a pena arquivar;
- uma estrutura simples e lógica que seja seguida rotineiramente;
- controle regular de material redundante.

# 8
# Utilize a tecnologia de forma eficaz

A tecnologia pode tanto auxiliar a organização quanto levar a uma maior desorganização. O lado positivo é que nunca foi tão fácil encontrar a informação de que necessitamos, comunicar-se rápida e facilmente e realizar tarefas a um nível profissional que anteriormente teria exigido a contratação de especialistas. O lado negativo é a enorme distração que os aplicativos tecnológicos representam, e o grande volume de informação que recebemos, vindo de múltiplas fontes, que podem gerar uma carga maior de trabalho. No Reino Unido, estima-se que os trabalhadores verifiquem seus *smartphones* uma vez a cada 12 minutos, em média, e que esta e outras manifestações de conexão constante podem ser responsáveis pelo fracasso do país em alcançar ganhos significativos de produtividade nos últimos anos. Então como podemos garantir que estamos fazendo um uso positivo da tecnologia? Bem, isso consiste em usar algumas das técnicas descritas nos capítulos anteriores para cortar os elementos que desperdiçam tempo, enquanto faz escolhas judiciosas e utiliza eficazmente as ferramentas que podem ajudá-lo a poupar tempo.

## Saiba quando não usar a tecnologia

A tecnologia tornou-se tão difundida que somos tentados a usá-la para todas as tarefas de tratamento da informação.

Isso seria um erro. Há ocasiões em que o esforço de usar a tecnologia supera a vantagem, ou em que o meio é inadequado. Seguem alguns exemplos:

- Configurar uma planilha para realizar cálculos que poderiam ser feitos mais rapidamente e com a mesma confiabilidade em uma calculadora.

- Envolver-se em pesquisa excessiva na internet antes de embarcar em uma tarefa criativa, e encontrar-se sobrecarregado com ideias de outras pessoas antes que tenha a chance de formular a sua própria.

- Utilizar e-mail ou mensagens de texto em situações inadequadas — por exemplo, interações que exijam sensibilidade ou sutileza e que impliquem um encontro em pessoa, ou pelo menos um contato telefônico.

- Usar tempo e energia aprendendo a mexer em um *software* que realizará uma função que pode ser executada manualmente e tem pouco significado na sua carga total de trabalho.

## Opções de software

Os usuários de computador e *smartphones* enfrentam uma multiplicidade de escolhas em relação às ferramentas que podem usar em seus dispositivos. Além dos pacotes empresariais já estabelecidos, há alternativas de código aberto, muitas vezes disponíveis gratuitamente, e as opções incluem aplicativos que residem no próprio computador do indivíduo ou que podem ser operados na nuvem. Ao considerar todos os *softwares* especializados, temos dificuldade de escolher apenas um por causa da quantidade de opções, e os pacotes variam enormemente em termos de preço e grau de sofisticação. Entre os vários milhões de aplicativos disponíveis para usuários de *smartphones* e *tablets*, há muitos milhares dedicados a aspectos de organização pessoal. Muitas vezes, escolher uma ferramenta entre tantos produtos igualmente competentes resume-se à preferência pessoal do usuário.

A utilidade de determinado pacote varia de pessoa para pessoa; vai depender de quanto você usou outros produtos semelhantes, seu nível de especialização em TI, a forma como gosta de trabalhar e a natureza precisa do seu trabalho. Ser mais sofisticado nem sempre significa ser superior. Muitas vezes, um aplicativo simples irá satisfazer suas necessidades melhor do que um que seja cheio de nove horas. Muitos fornecedores de *software* fazem ofertas como "experimente antes de comprar" mesmo em produtos muito caros, permitindo-lhe decidir se um pacote é adequado para as suas necessidades antes de pagar por ele. Use críticas e recomendações de veículos especializados para ajudar em suas decisões, mas reconheça que somente você pode fazer uma avaliação precisa da utilidade de um aplicativo que pretende usar.

Deixe que necessidades genuínas orientem as suas decisões de *software*. É muito fácil ser seduzido(a) pelas reivindicações de produtividade de determinado pacote e, depois de tê-lo adquirido, perceber que ele não serve para nenhuma das suas tarefas atuais. Usar um produto para satisfazer uma necessidade identificada é geralmente uma forma eficaz de aprender a usá-lo, mas tente fazer uma avaliação realista dos potenciais benefícios *versus* o tempo que investirá para aprender a usá-lo.

## Decidindo fazer um upgrade

Qualquer que seja o pacote de *software* ou sistema operacional que você escolher, é provável que em pouco tempo haja uma versão melhor disponível, prometendo novos recursos e maior eficácia. Decida adquirir ou não essa versão superior respondendo às seguintes perguntas:

1   Preciso das novas funcionalidades? Poucos de nós usam todos os recursos de um aplicativo. Os novos podem parecer atraentes, mas se não lhe oferecerem benefícios significativos, não vale a pena adquiri-los.

2   As vantagens dessa versão valem o investimento em dinheiro e aprendizagem? A maioria dos pacotes de versão superiores serão bastante similares aos seus predecessores, mas mudar muito a

cara do *software* exigirá uma quantidade significativa de tempo reaprendendo a utilizá-lo. As melhorias podem ser insignificantes, e é frustrante descobrir que as funções que você conhece e usa regularmente desapareceram — foram transformadas em um menu desconhecido ou mesmo removidas inteiramente porque os desenvolvedores as consideram menos úteis do que os novos recursos que implementaram.

**3** Será necessária uma melhoria de *hardware* ao mesmo tempo? Um novo pacote pode exigir mais do seu sistema, exigindo maior capacidade de memória ou processamento. Verifique as especificações mínimas antes de aceitar esse *upgrade*.

**4** O pacote tem um histórico de confiabilidade? Hoje em dia, os *softwares* são tão complexos que, apesar dos extensos testes de pré-lançamento, é bastante comum haver *bugs* e falhas em um novo pacote, o que pode ser muito frustrante para o usuário. Pode haver incompatibilidades que impeçam que outros *softwares* funcionem ou causem travamentos inexplicáveis. Muitos especialistas recomendam esperar até que os *bugs* iniciais tenham sido resolvidos antes de decidir atualizar.

## Ferramentas úteis

Em capítulos anteriores, já consideramos algumas tecnologias que podem ajudar na sua organização pessoal em áreas específicas, mas agora vou dar mais atenção a aplicativos que podem proporcionar benefícios organizacionais ou de economia de tempo. Por causa do espaço disponível, não posso fazer mais do que cobrir o básico sobre esses recursos, e os exemplos dados são apenas uma menção a produtos bem ponderados no momento em que escrevo. Os livros têm uma longa vida útil, e qualquer produto sobre o qual escrevo hoje pode deixar de ser um dos líderes de sua área dentro de três ou quatro anos. Dessa forma, os aplicativos tecnológicos são como cavalos de corrida: os favoritos nem sempre ficam à frente e, de vez em quando, aqueles mais desconhecidos conseguem chegar ao pódio, superando os mais bem cotados.

Recomendo que os leitores façam suas próprias investigações antes de adquirir qualquer um dos produtos mencionados ou similares. Na seção a seguir, abordarei brevemente a possibilidade de uma melhor organização através da utilização de aplicativos que visam apoiar a atividade geral do escritório, os aspectos da gestão do tempo, a organização de ideias e a gestão de notas. Também falarei sobre as várias maneiras pelas quais você pode acelerar a transferência de dados para o seu computador ou *smartphone*.

## Atividades gerais de escritório

Pode ser que alguns usuários de computador não tenham nenhum *software* de atividades gerais de escritório à sua disposição. Infelizmente, aplicativos como processadores de texto e de planilhas se tornaram tão necessários que os consideramos como certos. Eles são ferramentas muito poderosas, mas a grande maioria não chega nem perto de usar seu potencial total. Tendemos a ignorar algumas das ferramentas que poderiam nos poupar tempo ou melhorar a nossa organização pessoal.

Usuários experientes também podem descobrir que usam métodos antigos, que aprenderam quando os computadores eram mais lentos e os *softwares*, menos sofisticados, ou que usar a lógica de tentativa e erro os fez ignorar atalhos importantes. Meia hora lendo um resumo do que mudou, um arquivo de ajuda ou manual para o pacote de *software* pode valer muito a pena. Procure por instalações que você pode ter ignorado anteriormente, ou que não estavam presentes em versões anteriores. Confira as operações que podem simplificar tarefas, como formatação automática de documentos, atalhos de teclado em comandos comumente usados ou personalização fácil de barras de ferramentas, menus e modelos para atender às suas necessidades específicas.

## Aplicativos de gestão do tempo

Como indicado anteriormente, há uma série de gerenciadores de informações pessoais (na sigla em inglês, PIMs) disponíveis para auxiliar no planejamento e acompanhamento de suas atividades. O mais abrangente incluirá um calendário, um gestor de tarefas, listas de contatos e gestão de e-mail. Pessoas que usam vários dispositivos geralmente acharão que os produtos mais úteis são aqueles que podem facilmente sincronizar dados entre eles. Um dos mais conhecidos e mais amplamente utilizados é a assinatura da versão completa do Microsoft Outlook que vem com o Office 365 e sincroniza em todas as plataformas. É um pacote sofisticado, mas não tem um forte histórico de usabilidade; embora as versões recentes sejam muito mais amigáveis do que as mais antigas. Gostaria de recomendar a quem quer que tenha recentemente adotado ou melhorado o seu sistema que explore as suas capacidades de poupança de tempo, uma vez que nem todas são imediatamente óbvias. Existem muitas alternativas bem conceituadas ao Outlook, algumas delas gratuitas. Uma que desempenha funções muito semelhantes é o eM Client.

Muitos usuários escolhem aplicativos de funções individuais para satisfazer os diferentes elementos de sua organização pessoal; este costuma ser o caso da administração de tarefas, que é frequentemente o elemento mais fraco dos pacotes integrados. Em edições anteriores deste livro, eu recomendei o popular Wunderlist como um aplicativo de gerenciamento de tarefas simples, intuitivo e que ainda é capaz de sincronizar prontamente entre dispositivos Windows, Apple e Android, e permite o trabalho colaborativo e um *feed* para aplicativos de calendário. O Wunderlist ainda está disponível enquanto escrevo isto, e continua altamente recomendado, mas os seus novos proprietários (Microsoft) anunciaram a intenção de eliminá-lo progressivamente, a favor de uma versão atualizada do Microsoft To Do, que é, atualmente, um produto inferior. No entanto, há literalmente dezenas de aplicativos alternativos neste mercado, oferecendo graus variados de sofisticação. O Todoist é muito popular e integra-se bem com outros *softwares*, enquanto o Trello tem muitos seguidores entre aqueles que preferem uma apresentação mais gráfica. Dada a variedade de produtos e desenvolvimentos ao longo do tempo, é provável que valha a pena fazer uma pesquisa de "melhores aplicativos de gerenciamento de tarefas" para obter análises e recomendações atualizadas.

Uma segunda categoria de *software* de gestão do tempo inclui os aplicativos destinados a promover melhores hábitos de trabalho. No capítulo 2, mencionei o RescueTime, que, juntamente com outros aplicativos semelhantes, analisa o uso do seu computador e lhe dá a munição necessária para cortar os elementos menos produtivos do seu dia. Além dele, há vários aplicativos de controle de tempo para computador e telefone. O Focus Booster faz parte de uma série de aplicativos que servem tanto para *desktop* quanto para dispositivos móveis e que fazem uso da chamada "técnica pomodoro", desenvolvida por Francesco Cirillo e destinada a mantê-lo(a) no caminho certo e resistir a distrações. A técnica pomodoro funciona por meio de um temporizador presente na tela, que pode ser configurado para permitir um período relativamente curto de pensamento e ação concentrados seguidos de uma pausa. O tempo predefinido é uma sessão de 25 minutos seguida de uma pausa de cinco minutos, embora possa ser modificado pelo utilizador. A versão *pro* deste aplicativo também permite que você acompanhe seu tempo em relação a tarefas específicas e o atribua a projetos ou clientes específicos.

## *Organizando ideias*

Conseguir transformar suas ideias em algo de que pode tirar algum sentido e depois planejar um caminho a seguir é muitas vezes um dos elementos mais difíceis de novos projetos, apresentações ou redações. Para muitos de nós, isso envolve notas rabiscadas em pedaços de papel misturados que podem não significar muito quando voltamos a olhar para eles. Felizmente, existe um grupo de aplicativos que podem facilitar essa tarefa.

## Software de mapeamento da mente

O *software* de mapeamento da mente é útil na fase inicial de *brainstorming* de uma atividade, permitindo-lhe desenvolver um esquema visual dos tópicos e subtópicos que a irão compor e destacar as relações entre eles (ver Figura 8.1). É claro que você pode fazer isso no papel, mas a vantagem de usar um aplicativo de computador é que os tópicos podem ser movidos, fundidos e editados, e a relação entre eles pode ser alterada à medida que seus pensamentos se desenvolvem, sem a necessidade de redesenhar todo o mapa. O computador fará o trabalho chato, permitindo que você se concentre nos próprios pensamentos. Existem inúmeros aplicativos de mapeamento mental, tanto gratuitos como pagos. Dois dos meu preferidos que têm versões gratuitas são o EDraw Mind Map e o XMind.

**Figura 8.1** Mapeando seus pensamentos

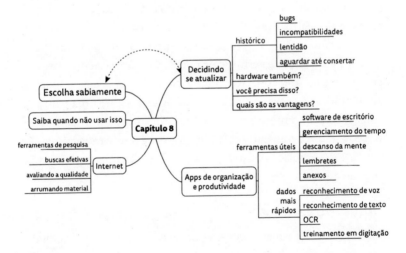

## Esquemas

Esquemas também trabalham com tópicos e subtópicos. Eles tendem a ser mais estruturados do que os aplicativos da seção anterior, e são muitas vezes úteis como um segundo estágio, vindo depois do *brainstorming*. Eles permitem que você preencha seu documento progressivamente, construindo vários níveis, aumentando ou diminuindo importância de cada tópico ou mudando-os de lugar, e limitando ou expandindo elementos para que possa alterar detalhes e ver um panorama geral do seu trabalho. Alguns mantêm o texto separado do conteúdo para que a estrutura hierárquica seja sempre visível. Há um esquema bastante competente incluído no Microsoft Word que muitas vezes é ignorado e, como sempre, existem inúmeros outros bons exemplos, tanto independentes como on-line, para computadores e dispositivos móveis.

## *Organizadores de notas*

Você pode usar um organizador de notas como um esquema, reunindo anotações soltas até conseguir organizá-las em uma estrutura funcional. Mas esses organizadores podem fazer muito mais do que apenas delinear, e exigem um tópico próprio. Eles são, a meu ver, a mais versátil de todas as ferramentas para organizar pensamentos e informações de diversas fontes de forma flexível e acessível. Tais aplicativos lhe fornecem um espaço de trabalho pronto onde você pode desenvolver ideias, formular objetivos, construir listas de tarefas e esboços de projetos ou produzir uma atividade criativa. Eles possuem um local para armazenar e indexar os frutos da sua pesquisa, incluindo capturas de tela de sites, notas de outras aplicações, esboços grosseiros e até mesmo elementos de áudio e vídeo. Eles também oferecem um local de armazenamento para todos aqueles pequenos pedaços de informação que você quer manter, mas que não se encaixam com os programas normais de escritório, e que muitas vezes acabam em pedaços de papel soltos em sua mesa. Existem vários pacotes de organização de notas, mas dois dos mais populares são o Evernote e o OneNote. Ambos estão disponíveis em diferentes sistemas operacionais e têm a facilidade de sincronizar entre dispositivos. Com seu acesso ao armazenamento on-line, eles também são ótimas ferramentas colaborativas, permitindo que os membros de uma equipe trabalhem juntos em um documento ou projeto, com a contribuição de cada membro claramente identificada.

Esses aplicativos têm diferentes pontos fortes, e cada um tem seus admiradores. O Evernote é superior na captura e no gerenciamento de informação coletada na web e na segurança do armazenamento, enquanto o Microsoft OneNote é mais vantajoso quando se trata de construir notas a partir do zero e organizá-las em cadernos claros, flexíveis e intuitivos, além de se integrar bem com outros programas do Microsoft Office. Ambos têm versões gratuitas que podem ser sincronizadas entre dispositivos PC, Android e Apple, além de versões pagas que incorporam recursos extras ou mais armazenamento on-line.

## Entrada rápida de dados

A rapidez com a qual você consegue introduzir dados de forma rápida e confiável em um computador, *tablet* ou *smartphone*, a partir do qual esses dados possam ser manipulados, editados, distribuídos e armazenados, é claramente um fator em quão bem você é capaz de gerenciar informações. Se você é do tipo de pessoa que só usa dois dedos para digitar, provavelmente este é um aspecto deficiente da sua organização pessoal. Vamos passar uns momentos vendo alguns aplicativos que podem ajudar você.

### Software *de reconhecimento de voz*

Os aplicativos de reconhecimento de voz já existem há algumas décadas, mas nos últimos anos ganharam vários dispositivos inteligentes capazes de responder a comandos de voz e solicitações de informações. O que me interessa aqui não são tanto os aparelhos interativos, mas o reconhecimento de fala que permite ao utilizador ditar documentos extensos e salvá-los em qualquer um dos formatos de escritório populares, a partir dos quais podem ser posteriormente manipulados e editados.

Os atuais sistemas operacionais de *smartphones* e *tablets* contêm programas bastante competentes de reconhecimento de fala, com a maior parte do processamento conectado à nuvem, e têm a capacidade de guardar os documentos resultantes como arquivos de texto ou PDF. Vários aplicativos de terceiros estão disponíveis para dispositivos Android e iOS, com o objetivo de oferecer maior flexibilidade e usabilidade. O Speechnotes é bastante mencionado como exemplo para usuários do Google Chrome e do Android.

Para aqueles que desejam um produto totalmente abrangente, onde todo o processamento de reconhecimento de voz acontece no computador hospedeiro, eu recomendaria o líder de mercado Dragon Professional. Este pacote destinado a empresas é caro, mas oferece excelentes resultados e afirma conseguir transcrever falas com velocidades de até cento e sessenta palavras por minuto com uma precisão de 99 por cento. O Dragon Professional permite a introdução de vocabulário especializado, atalhos para passagens comumente utilizadas, e transcreve eficazmente gravações realizadas em outros dispositivos, como gravadores digitais.

Alguns pacotes de reconhecimento de voz podem exigir que você gaste um pouco de tempo treinando-os para reconhecer seus padrões de discurso específicos e corrigir um número significativo de erros antes que o aplicativo se acostume com a sua voz. E você deve manter uma política firme de corrigir quaisquer erros em palavras ou pontuação; se não o fizer, assim como um animal de estimação indisciplinado, o *software* irá repetir as falhas e tornar-se menos preciso.

Lembre-se que ditar um texto também é uma habilidade. Muitos de nós temos dificuldade em articular nossos pensamentos de forma convincente e fluente, que funcione bem no papel. Se você tiver que voltar e corrigir seções de texto constantemente, esses aplicativos não o ajudarão a economizar tempo. Como o *software* de reconhecimento de fala funciona parcialmente identificando palavras em contexto, ele prefere a fala que é proferida em frases fluentes. Pausas inesperadas e qualquer zumbido de fundo podem perturbar a sua precisão.

Na minha opinião, ditar textos para um aplicativo e corrigir os erros à medida que avança não é uma estratégia muito propícia à fluência.

Ao fazer isso, parte da minha atenção está direcionada para a exatidão do que eu já disse, e não para o que vou dizer. Eu prefiro usar um gravador digital e depois transcrever os arquivos resultantes para um pacote no PC, corrigindo qualquer erro via teclado e mouse. É importante fazer isso dentro do aplicativo de reconhecimento de fala, pois, caso contrário, ajudará a perpetuar os erros.

## Reconhecimento ótico de caracteres (OCR)

Já me referi ao OCR no que se refere à digitalização e arquivamento de documentos, mas ele merece ser mencionado novamente, agora como uma técnica de introdução rápida de dados sem necessidade de nova digitação. Os *softwares* mais recentes de OCR leem uma página impressa e as importam para um aplicativo de escritório padrão — um de arquivo de texto, planilha ou apresentação — com toda a formatação intacta. Por exemplo, uma tabela de figuras pode ser digitalizada e lançada diretamente no Excel com células preenchidas com precisão e prontas para serem manipuladas da maneira que você precisar. As versões *pro* dos pacotes OCR, como OmniPage e ABBYY FineReader, também incluem ferramentas úteis para transferir documentos entre diferentes formatos e transformar formulários em papel em documentos eletrônicos.

## Entrada mais rápida pelo teclado

Com o advento dos *tablets* e *smartphones*, os teclados gestuais foram desenvolvidos como um meio de inserir informações rapidamente e superar as desvantagens dos pequenos teclados encontrados nesses dispositivos. Um dos melhores é o teclado Google, disponível para dispositivos Android e IOS. A ideia é que, em vez de pressionar cada tecla individualmente, o usuário mantenha o dedo no teclado e passe-o rapidamente de uma letra para a outra. É preciso um pouco de prática para obter o dom, mas, uma vez dominado, pode aumentar consideravelmente a velocidade de entrada, mesmo nos menores teclados virtuais. Para trabalhar com uma velocidade decente, você precisa conhecer o *layout* do teclado, então pessoas que digitam lentamente e com o dedo indicador podem encontrar-se em desvantagem.

Para quem sente que sua velocidade e precisão em um teclado tradicional deixa algo a desejar, existem inúmeros tutores de teclado on-line que, com algumas horas de prática, podem fazer toda a diferença para as suas habilidades.

> **Atividade — pergunte a si mesmo(a)**
>
> Aproveite esta oportunidade para revisar seu uso atual de *softwares* e pergunte a si mesmo(a) se há mudanças que você poderia fazer para melhorar sua organização pessoal:
>
> - Quais aplicativos, se houver, estou usando demais ou de forma inadequada?
> - Em quais dos aplicativos que uso atualmente eu poderia fazer uma revisão de meus hábitos de trabalho, de modo a fazer melhor uso das facilidades disponíveis e aumentar minha produtividade?
> - Existem aplicativos que eu não uso atualmente, mas que acredito que poderiam fazer uma diferença significativa na minha produtividade?
> - Quais das opções acima têm chance de oferecer o melhor retorno pelo tempo que posso ter de gastar aprendendo novas técnicas ou revendo as já existentes?
>
> Talvez você queira elaborar uma lista de ocorrências por ordem de prioridade — encabeçada pelas tarefas relacionadas com *software* que oferecem o melhor retorno — e incorporá-las na sua lista mestre de tarefas.

## Organize pesquisas na internet

A velocidade e a facilidade com que você pode acessar informações na internet podem ajudar muito na organização pessoal, mas o grande volume de informações disponíveis apresenta várias dificuldades:

- separar as informações necessárias da massa de dados menos relevantes;
- decidir quando parar de procurar;
- evitar a distração apresentada por outro material interessante, mas irrelevante;
- precisar avaliar a qualidade e a confiabilidade das informações.

A internet é enorme e sedutoramente acessível. Você está a alguns cliques de bilhões de páginas de informação, e é levado(a) a realizar uma busca excessiva por medo de perder alguma informação vital que esteja escondida nessa vasta coleção. Mas resista à necessidade de procurar informações perfeitas. Em nenhum outro lugar a regra 80:20 se aplica mais do que na internet (oitenta por cento dos resultados vêm de vinte por cento do esforço), e você pode perder grandes quantidades de tempo perseguindo uma adição rapidamente decrescente de dados úteis. Concentre-se, em vez disso, em pesquisas precisas e bem planejadas que rapidamente o levarão a gerenciar uma grande quantidade de informações de qualidade.

## Dez dicas para pesquisas eficazes

1. Formule a frase que vai pesquisar com cuidado. Se você digitar palavras-chave muito abrangentes, corre o risco de se afogar em informações. Os algoritmos colocam as respostas que mais se aproximam dos critérios de pesquisa no topo da lista, mas uma consulta vaga pode gerar milhares de respostas com classificações semelhantes. Uma reflexão adicional pode ser necessária na escolha de palavras-chave que possam estar no material que você está procurando.

2. Use aspas para incluir frases quando quiser que o motor de busca procure uma frase completa em vez das palavras individuais que a compõem. Isso pode, às vezes, fazer com que você chegue mais rapidamente à informação que está procurando, especialmente quando as palavras dentro da frase são comuns.

**3** Não se preocupe em incluir pontuação, maiúsculas ou palavras pequenas, como preposições, nos seus termos de pesquisa. A maioria dos motores de busca os ignoram, então eles não melhorarão a qualidade de seus resultados de forma alguma.

**4** Use os símbolos de mais e menos para restringir a sua pesquisa. Preceder uma palavra de pesquisa com o símbolo de menos excluirá qualquer resultado que contenha essa palavra e pode ser útil para eliminar referências não relacionadas com a informação que procura. O símbolo de mais indica que você deseja especificamente incluir uma palavra, e é útil quando você deseja dar prioridade a uma palavra em particular ou que o mecanismo de busca leve em conta palavras pequenas que tendem a ser omitidas nas buscas.

**5** Filtre por data. Se você estiver procurando por informações atuais, sua tarefa pode ser dificultada pela necessidade de classificar o material mais antigo. A seção "mais ferramentas de pesquisa" no Google permite-lhe limitar os seus resultados a sites que foram atualizados em um passado recente.

**6** Se estiver interessado(a) em manter-se a par dos últimos desenvolvimentos numa área de interesse, talvez algo relacionado ao seu trabalho ou às organizações concorrentes, poderá considerar os Alertas Google. Eles emitem notificações por e-mail quando os sites que preenchem os critérios da sua pesquisa são atualizados.

**7** Quando os resultados da pesquisa forem apresentados, não comece clicando nos itens no topo da lista. Analise as primeiras duas páginas de resultados para determinar quais são os mais prováveis de atender aos seus requisitos. No entanto, não perca tempo lendo várias páginas. Se a informação que você está procurando não está nos primeiros cem resultados, você pode precisar reformular sua consulta ou usar ferramentas mais sofisticadas.

**8** Conheça o recurso de pesquisa que utiliza com mais frequência e aproveite a sua seção de pesquisa avançada. Cada site de busca tem um desses, oferecendo filtros sofisticados que podem ser extremamente úteis quando você está enfrentando dificuldades para descobrir do que precisa.

9   Não se deixe distrair por links para outras páginas interessantes, porém irrelevantes. Se algo atrai seu interesse, use um marcador para registrar sua localização, para que possa retornar a ela em uma data posterior.

10  Uma maneira prática de encontrar diretórios que contenham os recursos que você pode estar procurando é incluir a palavra "diretório" em sua busca. Por exemplo, "diretório gestão de tempo" revelará diretórios que listam cursos e *softwares* de gestão do tempo.

## Avaliar a qualidade

Encontrar informações rapidamente é fácil, mas e quanto à qualidade e confiabilidade do que você descobre? Dentre as bilhões de páginas na internet, há um monte de lixo e informação incorreta. Qualquer pessoa pode simplesmente criar um website ou uma conta nas redes sociais e apresentar informações de uma forma aparentemente autoritária. Então como podemos discriminar entre o confiável e o suspeito? Aqui estão algumas dicas que podem ajudar:

- Há informações sobre a autoria dos artigos em que você está interessado(a)? Inclui elementos como dados de contato, qualificações e publicações relevantes? Na ausência destes, uma pesquisa com o nome do autor pode gerar informações úteis.
- O site da publicação é respeitável? Geralmente, no topo da lista de confiabilidade estão universidades, sites de informações do governo nacional, autoridades locais, órgãos financiados publicamente, organizações voluntárias conhecidas, empresas respeitáveis, emissoras de televisão e versões on-line de jornais e periódicos respeitados.

- Quão atualizada é a informação? A página mostra a data da última revisão? Os *links* ainda são relevantes?
- São dadas referências para fatos e números, resultados de pesquisas ou enquetes?
- Existem *links* para outros sites claramente respeitáveis?
- Existe um compromisso demonstrável com a objetividade no que foi escrito?
- Como é a apresentação? Uma abordagem descuidada à ortografia, gramática ou apresentação pode indicar uma atitude semelhante em relação à veracidade da informação.
- Você consegue verificar a informação? Informações semelhantes em diferentes sites podem oferecer a sensação de validade, mas tome cuidado. Palavras idênticas ou quase idênticas podem simplesmente indicar que foram levadas de um local para outro.

## Organize o material encontrado

É simples baixar páginas para referência posterior ou clicar em "adicionar aos favoritos" para salvar um *link* para um site interessante ou valioso que você pode querer visitar novamente; mas, se você fizer muita pesquisa na internet, pode rapidamente encher sua lista de favoritos e sua pasta de downloads, tornando-as desordenadas e pesadas. Use "organizar favoritos" para configurar subpastas adequadamente rotuladas dentro da lista de favoritos e soltar itens da sua lista na pasta relevante. Da mesma forma, crie subpastas dentro do seu local de armazenamento de *downloads* que reflitam o assunto das páginas baixadas ou os projetos aos quais elas estão associadas. Você também pode usar produtos como o PaperPort, Evernote ou OneNote (todos já mencionados), que têm uma ferramenta útil de captura de tela de páginas da web, bem como a capacidade de arquivá-las e indexá-las. Seja prudente no que você salvará — os *links* são geralmente mais valiosos do que as páginas baixadas, que podem ficar desatualizadas rapidamente. Também é uma boa ideia agendar uma sessão de controle regular para limpar quaisquer downloads ou itens favoritos que tenham se tornado redundantes.

> **Atividade — pergunte a si mesmo(a)**
>
> Que mudanças posso querer implementar na forma como conduzo pesquisas na internet? Classifique quaisquer pontos identificados na ordem de prioridade e anote-os na sua lista mestre.

> **Resumo**
>
> A tecnologia de informação moderna pode ser de ajuda considerável na organização pessoal, contanto que seja usada apropriadamente. É necessário:
>
> - Reconhecer as tarefas para as quais a tecnologia não oferece nenhuma vantagem relevante;
> - Selecionar o melhor software para atender às suas necessidades;
> - Equilibrar o potencial de economia de tempo com o compromisso de tempo para aprender novas aplicações de software;
> - Adotar técnicas precisas de pesquisa ao procurar informações na internet;
> - Controlar a qualidade das informações obtidas;
> - Administrar e organizar qualquer material salvo.

# 9
# Organize-se dentro e fora de casa

A quantidade de profissionais que trabalha em casa aumentou consideravelmente nos últimos anos. No Reino Unido, mais de quatro milhões de pessoas atualmente utilizam suas casas como escritório, e a previsão é de que esses números aumentem ainda mais à medida que as tecnologias móveis e a banda larga rápida continuem a reduzir a necessidade de locais de trabalho fixos e de horários rígidos. Nenhum livro sobre organização pessoal estaria completo sem considerar os desafios particulares de se trabalhar em casa ou durante viagens.

## Trabalhando em casa

A gama de modalidades do *home office* vai desde os que trabalham em casa em tempo integral até àqueles que trabalham ocasionalmente, escapando das distrações do escritório. Mas para todos os que passam uma quantidade significativa de tempo trabalhando em casa, as vantagens e desvantagens organizacionais são bastante semelhantes.

**Vantagens:**

- controle sobre o próprio horário;
- ninguém observando o que você está fazendo;
- ausência das distrações do local de trabalho;

- flexibilidade para realizar atividades pessoais no que seria normalmente considerado horário de trabalho.

**Desvantagens:**

- ausência de estruturas normais do local de trabalho;
- falta de apoio dos colegas — pode ser necessário realizar mais de uma função;
- novas distrações em potencial;
- ausência de fronteiras entre o trabalho e a vida familiar;
- limitações do espaço de trabalho.

Você com certeza desejará maximizar as vantagens e minimizar as desvantagens, e todos os pontos levantados anteriormente neste livro sobre gerenciamento de tempo e compreensão da sua maneira de trabalhar serão significativos. Mas há questões adicionais específicas do *home office* — em relação ao equilíbrio, ao foco e à organização do espaço de trabalho —, as quais analisaremos a seguir.

## Equilíbrio

Um dos maiores problemas do *home office* é manter um equilíbrio entre trabalho e lazer. Você está no controle da própria agenda, mas a menos que tenha o cuidado de estabelecer e manter limites em seu dia, suas responsabilidades profissionais podem invadir seu tempo de lazer e, sem um grau de disciplina, o trabalho que você realiza pode não ser muito produtivo. Com todas as armadilhas da sua casa à sua volta, pode haver uma tendência para oscilar entre as tarefas de trabalho e as atividades de lazer/família, reduzindo a eficácia do seu trabalho. Além disso, devido à culpa que você sente pelas tarefas de trabalho negligenciadas, seu momento de lazer também não é bem aproveitado.

Para manter um equilíbrio saudável e produtivo, construa uma estrutura para o seu dia de trabalho. Pode ser útil separar seu dia em períodos fixos e períodos flexíveis, ampliando o princípio de flexibilização comum.

O período fixo sempre será usado para trabalho ou para atividades familiares e de lazer — sem desculpas, este tempo é sacrossanto. Por exemplo, você pode decidir que das 9h às 14h, todos os dias, será seu horário de trabalho, e que o período após as 18h30 será o horário de lazer. O período flexível pode mover-se para acomodar um equilíbrio de lazer saudável. Em certo dia você pode precisar acordar mais cedo, em outro, trabalhar de noite, e em um terceiro, seguir as horas de expediente tradicionais. Desde que você tenha um período de trabalho que se torne rotina e que sua família, seus amigos e seus clientes estejam cientes dele, pode aproveitar a flexibilidade que o trabalho em casa oferece para melhorar seu estilo de vida. É importante que os amigos e a família saibam quais são as suas horas de trabalho, pois pode haver uma tendência, especialmente entre aqueles que não trabalham, de interpretar a sua presença em casa como um indicador de disponibilidade ilimitada.

**Figura 9.1**  Dia de trabalho flexível

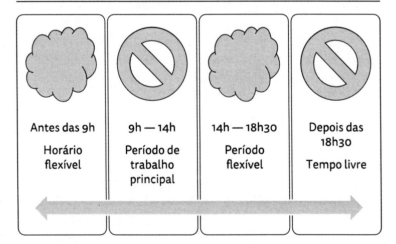

Ao estruturar as suas horas de trabalho, preste atenção aos pontos discutidos no capítulo 3 sobre os melhores momentos do dia para realizar determinados tipos de atividades. Você precisa se concentrar não apenas nas atividades centrais que trazem dinheiro, mas também nas tarefas de manutenção: os trabalhos rotineiros que mantêm você funcionando corretamente — informar-se, lidar com correspondências e organizar o seu espaço de trabalho.

Em um ambiente de trabalho tradicional, é provável que haja outros cujos papéis especializados apoiem o seu. Quando você está trabalhando em casa, é provável que tudo dependa de você. Além de cumprir o seu papel principal, você pode precisar agir como seu(sua) próprio(a) chefe, assistente, contador(a), executivo(a) de *marketing* e faz-tudo. Pode ser impraticável ou antieconômico terceirizar essas atividades; portanto, você precisa encontrar maneiras de realizar todas elas sozinho(a). Em vez de permitir que as tarefas se acumulem até que você seja forçado(a) a realizar uma maratona de registros ou de arquivamento, construa uma programação de trabalho variada para incutir hábitos indolores, tecendo os diferentes papéis em sua rotina diária ou semanal.

### Atividade — pergunte a si mesmo(a)

- Quais são os vários papéis que preciso desempenhar? Liste-os.
- Aproximadamente, que proporção do meu tempo será ocupada por cada um desses papéis?
- Como a taxa de mercado para essas funções se compara ao preço de inseri-las na minha programação?

Quando você tiver as respostas para essas perguntas, pode ser uma boa ideia considerar um acordo de trabalho formal para garantir que os serviços necessários sejam cumpridos. Se, por exemplo, decidir que são necessárias duas horas por semana para a contabilidade, você pode se considerar uma pessoa contratada para prestar esse serviço durante uma hora todas as terças e quintas-feiras, e abordar a tarefa com o mesmo estado de espírito que teria se tivesse sido contratado(a) externamente para desempenhar essa função. Da mesma forma, você pode agir como um(a) administrador(a) geral por meia hora todos os dias. Visualizar seus diferentes papéis desta forma pode ajudá-lo(a) a lidar com todos eles e evitar que alguns sejam subestimados ou negligenciados. Determinar um preço para as várias funções também o(a) ajuda a lidar com as tarefas que podem ser terceirizadas.

## Foco

Quem lembra você das coisas que precisam ser feitas? Quem mantém sua motivação elevada e ajuda quando você tem um problema de trabalho complicado? Provavelmente tudo dependerá de você mesmo(a) mais uma vez. Mas a organização do tempo e da carga de trabalho pode ajudar a compensar a ausência de colegas e mentores:

- Quando você está trabalhando por conta própria, é ainda mais importante que planeje suas atividades em diferentes momentos, definindo desafios claros e gerenciáveis e dividindo os projetos de longo prazo em tarefas menores. Isso torna a resolução da atividade mais simples e lhe dá a sensação de progresso de que tanto precisamos.

- Mantenha-se bem informado(a) sobre sua agenda por qualquer meio que lhe convenha — em papel ou eletrônico —, mas use um sistema simples.

- Considere o uso de listas de verificação de tarefas de rotina diária e semanal para que nada seja ignorado.

- Insira em sua semana atividades que envolvam contato humano e tome medidas para construir e manter suas redes interpessoais. O isolamento é um problema frequente para quem trabalha em casa; outras pessoas podem fornecer aconselhamento e apoio muito necessários.

## *Espaço de trabalho adequado*

A atenção à boa organização do seu espaço de trabalho pode dar um impulso significativo à sua produtividade. A ideia de mandar e-mails do conforto de sua cama ou de mapear seu plano de negócios em um quintal ensolarado pode ser atraente e, de fato, há tarefas que você pode realizar confortável e efetivamente em ambientes não convencionais, mas é bastante provável que parte significativa de seu trabalho exija um espaço similar ao de um escritório. Ele não precisa ser grande — esqueça aqueles *home offices* de revistas —, mas deve ser confortável e funcional, com um *layout* que se adapte às suas necessidades de trabalho. Muitas vezes negligenciamos, nessa organização, características que consideraríamos essenciais se estivéssemos trabalhando em outro local. Delimitamos um espaço insuficiente ou inadequado, e usamos os móveis e equipamentos que já temos em vez de gastar uma pequena quantidade de tempo e dinheiro criando um ambiente que atenda às nossas necessidades. Leve em conta as recomendações do capítulo 6 e considere os seguintes elementos fundamentais:

- **Uma porta que você possa fechar quando necessário.**

    Trabalhar na mesa da sala de jantar pode ser conveniente, mas você precisa arrumar tudo sempre que terminar o trabalho do dia, e pode tornar-se mais propenso(a) à interrupção se outros membros da família estiverem presentes. O maior inconveniente é que essa posição dificulta a separação da vida profissional e familiar. O ideal é que o seu escritório em casa seja um espaço de trabalho de propósito único com o mínimo de distrações.

- **Uma cadeira confortável e ajustável.**

    Muitas vezes negligenciado, este é provavelmente o investimento mais importante que você fará.

- **Uma superfície de trabalho que seja suficientemente espaçosa para acomodar o equipamento essencial e ainda dispor de bastante espaço livre.**

Não tem de ser uma mesa chique; há uma abundância de modelos baratos e bem concebidos disponíveis, e até mesmo mesas dobráveis que podem ser uma opção se você for forçado(a) a trabalhar numa área com várias funções.

- **Um ambiente agradável, bem iluminado e confortável.**
  Trabalhar em uma sala pequena e suja, cercado por pilhas de lixo, tem um efeito sobre o seu trabalho depois de um tempo.
- **Equipamento de armazenamento adequado.**
  Os equipamentos que você utiliza regularmente devem ser fáceis de manusear; os conselhos de ergonomia/armazenamento do capítulo 6 são bastante úteis para esse tópico. Se o espaço for pequeno, vá para cima em vez de para os lados. Prateleiras, cestos de parede e caixas empilháveis podem compensar a falta de espaço.

Haverá outros fatores a se considerar, dependendo da natureza do seu trabalho. Se envolve clientes que o visitam, que tipo de espaço você tem para recebê-los e qual será a primeira impressão que eles terão do ambiente? Existem restrições comerciais locais ou restrições à propriedade que possam dificultar a condução do seu negócio em casa? Se grande parte do seu trabalho é feita por telefone, aqueles que ligam para você recebem sempre uma resposta profissional? Será que vale a pena instalar uma segunda linha separada, que conte com correio de voz? Uma segunda linha pode também ser uma forma valiosa de assegurar que o trabalho e o lazer não se sobreponham. Configure a linha de trabalho para receber o correio de voz durante o seu tempo de lazer, e faça o mesmo com a linha de casa durante o seu horário de trabalho.

Ainda há outras questões — jurídicas, fiscais, regulamentares — que podem entrar em jogo, especialmente se as suas atividades envolverem o emprego de outros, a modificação de instalações ou a criação de um espaço para ser total e exclusivamente utilizado como um escritório. Mas tais assuntos vão além do âmbito deste livro. Existem inúmeros outros livros e sites que oferecem informações e conselhos úteis sobre o assunto; qualquer que seja a natureza do seu trabalho, dê-se ao trabalho de esclarecer as suas necessidades, pesquisar quaisquer áreas de incerteza e organizar-se de acordo com elas.

## Organizando-se longe do escritório

Se o seu trabalho faz com que você viaje regularmente, então já deve estar familiarizado(a) com os desafios organizacionais que essa atividade apresenta. É uma questão de manter o cronograma em dia, estabelecer uma comunicação efetiva com sua base, garantir que a informação da qual você precisa esteja à mão e que seu equipamento esteja sempre funcionando. Você compartilha alguns dos desafios de equilíbrio e foco que são enfrentados por quem trabalha em casa. No entanto, esta seção é dirigida não àqueles que se encontram regularmente viajando e estão habituados às exigências do trabalho móvel, mas sim ao resto de nós, para quem uma viagem de trabalho é um acontecimento mais ocasional e que pode representar uma grande perturbação.

Viagens de negócios e conferências podem prejudicar a sua organização pessoal. Nas horas que antecedem a sua partida, você se vê correndo para completar tarefas que não podem esperar até o seu retorno. Então você finalmente consegue fugir, drenado(a) e irritado(a), apenas para descobrir, ao chegar ao seu destino, que deixou um documento vital para trás. No curso da sua viagem, é incomodado(a) por mensagens relacionadas a uma pequena crise, cuja resolução depende de informações que não estão com você. Finalmente, você volta, exausto(a), sobrecarregado(a) com novos trabalhos e enfrentando um acúmulo de correspondência, mensagens e e-mails.

A chave para manter o equilíbrio quando o trabalho o(a) afasta do escritório por dias seguidos é um bom planejamento e aderência, sempre que possível, às rotinas normais.

## *Planejamento*

- **Abra espaço na sua agenda.**

  Reduza a escala de tarefas não urgentes nos dois dias anteriores à sua partida, para que possa se concentrar nas tarefas que têm de ser concluídas antes do seu regresso. Dê sempre mais tempo para isso do que acha que será necessário.

- **Mantenha sua base com cobertura.**

  Certifique-se de que alguém possa verificar o seu correio, lidar com crises menores e saiba lidar com o seu sistema de arquivamento, tanto manual como eletrônico. Certifique-se também de que deixou os números de contato corretos.

- **Não se sinta tentado(a) a levar muito trabalho adicional na esperança vazia de que vai encontrar tempo para lidar com isso.**

  Você provavelmente voltará com mais trabalho do que levou.

- **Certifique-se de que sabe como realizar quaisquer tarefas desconhecidas.**

  Isso inclui acessar suas mensagens de voz remotamente, acessar e-mails pela internet ou acessar a rede da sua organização enquanto estiver em trânsito. Não confie apenas nas instruções de outra pessoa. Verifique a operação por si mesmo(a) antes de sair, para garantir que funciona. Não há nada pior do que achar que será capaz de manter contato e então descobrir que não pode.

- **Mais importante ainda, certifique-se de que tem as senhas necessárias.**

- **Altere sua mensagem de correio de voz e configure a resposta automática do e-mail para que os remetentes saibam que você está ausente e quando estará de volta.** Inclua seu número de celular, se necessário. Lembre-se de alterar essas mensagens quando voltar.

- **Verifique se tem tudo o que precisa instalado no seu computador portátil ou telefone.**

Sincronize seus dados e garanta que você tem todos os *softwares*, referências e materiais de contato relevantes. A capacidade e conectividade dos dispositivos portáteis de hoje permite que você acomode o mesmo nível de informação que existe em seu *desktop*.

- Se for utilizar transportes públicos, marque algumas tarefas que são particularmente adequadas para serem concluídas durante a viagem. Normalmente, são tarefas que não envolvem muitos papéis, e podem suportar algum grau de interrupção.
- Não subestime o efeito debilitante das viagens.

  Dê a si mesmo(a) um pouco de espaço para respirar antes de participar de reuniões e compromissos.

- Se sua viagem for para o exterior, verifique se você tem todos os adaptadores e carregadores necessários para manter seu equipamento funcionando.

- Se os seus dispositivos portáteis estiverem configurados para transferir atualizações para os respectivos sistemas operacionais, *softwares* de segurança ou aplicativos, talvez seja melhor querer desativar temporariamente esta funcionalidade.

  Pode ser muito frustrante, e potencialmente muito caro, encontrar-se no meio de um longo download quando você simplesmente deseja verificar seus e-mails durante uma breve parada em um aeroporto ou *hotspot* de internet.

## Manutenção de rotinas

- Se você foi a uma conferência, resista à tentação de juntar documentos para ler quando voltar.

  Você provavelmente não vai mexer neles. Lide com qualquer papelada que receber enquanto estiver na estrada da mesma forma que faria no escritório (use os cinco Ds) e seja particularmente aberto(a) à categoria de "descarte".

- Tente reservar algum tempo durante o seu dia para lidar com correspondência e mensagens de rotina.

  Quando acessar seu e-mail e correio de voz, lide com o máximo de mensagens possível, em vez de apenas procurar por aquelas sobre problemas graves. Desta forma, você vai aliviar muito o acúmulo de trabalho esperando por você ao retornar.

- **Configure uma área de trabalho no seu quarto de hotel que seja o mais conducente à produtividade possível.**
- **Registre as despesas à medida que avança.**

  É muito mais fácil do que tentar lembrar-se delas depois.

- **Tire um tempo para si mesmo(a).**

  Em conferências e viagens de negócios, você pode ficar em atividade desde o café da manhã até tarde da noite. Faça questão de descansar para não voltar exausto(a).

- **Planeje o seu primeiro dia de volta ao escritório antes de regressar, mas não coloque coisas demais na sua agenda.**

---

### Resumo

Ao trabalhar em casa, você deve garantir:

- um equilíbrio entre trabalho e lazer;
- uma abordagem equilibrada dos vários papéis que você pode precisar desempenhar;
- atenção à manutenção do foco;
- boa organização do espaço de trabalho.

Operar longe da base normal requer um planejamento eficaz para neutralizar a ausência de instalações com as quais já estamos acostumados e garantir a manutenção de boas rotinas de trabalho.

# 10
# Continue o bom trabalho

Todos estamos familiarizados com a fadiga de resoluções. Promessas lançadas com entusiasmo e vigor no dia 31 de dezembro são abandonadas e esquecidas até 10 de janeiro. Não é diferente com decisões para melhorar a organização pessoal. Ler este livro é um começo, mas não trará todos os resultados que você quer sem que haja algum esforço de sua parte.

## Reveja seus objetivos

No capítulo 1, eu o(a) convidei a definir alguns objetivos de organização pessoal, e vários dos exercícios de reflexão o(a) encorajaram a adicionar outros objetivos à lista. Com sorte, você terá progredido à medida que trabalhou com o livro, e pode considerar que alguns objetivos foram plenamente cumpridos. Agora é hora de fazer um balanço e abordar as questões que ainda não passaram para o topo da sua lista, bem como aquelas que podem exigir um foco renovado. Com o benefício de um ponto de vista mais amplo, você pode querer fazer algumas alterações aos seus objetivos, e deve avaliar as prioridades dos itens relacionados. Analise a melhora na sua organização fazendo as seguintes perguntas a si mesmo(a):

1 Quais desses itens já foram totalmente alcançados (itens que risquei)?
2 Que alterações, se é que existem, gostaria de fazer aos demais?

**3** Existem áreas de preocupação que não identifiquei anteriormente, mas que agora percebo que requerem a minha atenção?

Olhe para a sua lista alterada e marque os itens como A ou B, de acordo com o quanto você acha que eles podem elevar o seu nível atual de organização pessoal. Os itens de prioridade A são os mais importantes, e você deve focar neles primeiro. Estabeleça um plano de ação para eles, dividindo cada objetivo principal em tarefas menores, juntamente com as datas previstas. Se estiver realizando este exercício em papel, pode utilizar um formato de tabela simples, como o mostrado na Figura 10.1, para ajudar a elaborar a sua proposta. Quando estiver satisfeito com seu plano de ação, insira as tarefas no sistema de acompanhamento de atividades que estiver usando e comece a trabalhar com a implementação. Você pode definir datas limite, mas lembre-se do meu aviso anterior sobre não assumir muito ao mesmo tempo. Esta dica é importante para situações em que você precisa de tempo para que os novos hábitos se estabeleçam.

**Figura 10.1**  Plano de ação

**Plano de ação**

Objetivo principal:
Data limite:

| Subobjetivos e tarefas | Data de início | Data limite |
|---|---|---|
|  |  |  |
|  |  |  |
|  |  |  |
|  |  |  |
|  |  |  |
|  |  |  |
|  |  |  |

# Encontre formas de se manter no caminho certo

Esteja atento(a) a qualquer meio pelo qual você possa manter seus objetivos claros e sua motivação elevada.

- Analise o seu progresso regularmente, semanalmente, se possível, mas não menos que mensalmente, e inclua marcos significativos. Em inglês, há um velho ditado que diz: "a vida medida em jardas é dura; a vida medida em polegadas é moleza". Isso é certamente verdade quando se está trabalhando para alcançar um objetivo.
- Registe o seu progresso. Manter um diário é uma boa maneira de manter seus objetivos em foco e obter um reforço valioso.
- Dê a si mesmo(a) um reforço positivo imediato ou uma recompensa por cada sucesso, e use-os como propulsores para outras conquistas.
- Não seja muito duro consigo mesmo(a) quando não conseguir alcançar o progresso que esperava. Analise as razões para isso — talvez você estivesse tentando alcançar muitas coisas ao mesmo tempo, ou não tenha persistido por tempo suficiente para estabelecer um novo hábito. No entanto, não deixe que isso o(a) leve a abandonar seus objetivos. Ajuste-os e siga em frente.
- Visualize a forma como você vai realizar suas tarefas e os benefícios que irão se acumular quando você tiver aperfeiçoado novas habilidades e maneiras de trabalhar.
- Seja responsável. Trabalhar com alguém que também está buscando alcançar objetivos importantes pode ser uma estratégia eficaz. Em um espírito de desenvolvimento mútuo, cada um de vocês se responsabiliza pelo progresso em direção a seus objetivos, além de oferecer apoio e encorajamento.
- Compartilhe seus sucessos com um(a) amigo(a) ou parceiro(a) de confiança.

- Adote abordagens inovadoras que funcionem para você. Algumas pessoas gostam de marcar no calendário os dias em que atingem todos os itens de suas listas de tarefas. Outros criam um sistema de pontos, ganhando-os ao realizar tarefas e perdendo-os ao não completá-las.

## E se os velhos hábitos voltarem?

Você terá muita sorte se não experimentar contratempos no processo de construção de hábitos novos e mais organizados. É provável que seus velhos hábitos tenham sido adquiridos ao longo de muitos anos, e você não pode esperar mudá-los rapidamente. Mas os contratempos não devem ser um sinal de desespero, autocondenação e abandono de ganhos difíceis de se obter. Somos todos uma mistura de pontos fortes e fracos, e o autodesenvolvimento raramente progride em linha reta. As recaídas podem até mesmo ser vistas como oportunidades para rever, refletir, reagrupar e planejar o próximo estágio de desenvolvimento, armados com o conhecimento de quais são as dificuldades.

Eis o que fazer quando os velhos hábitos começam a reaparecer:

- Examine as razões pelas quais esses contratempos ocorreram. São o resultado de encargos adicionais, aumento do estresse, eventos fora do comum ou simples perda de foco? Embora algumas pressões sejam inevitáveis, pode ser possível abordar outras para que não causem problemas no futuro.

- Não deixe que esses passos para trás abalem a sua autoconfiança. Lembre-se de que a maneira como você explica esses obstáculos a si mesmo(a) determinará como se sentirá sobre eles, e as ações que tomará no futuro. Dê crédito a si mesmo(a) pelo que já alcançou e use a adversidade atual para reforçar a sua determinação.

- Trabalhe naquilo que está sob seu controle e tenha uma abordagem filosófica para aqueles que estão fora dele.

- Revisite o seu diário. Quando estiver enfrentando um desafio difícil, uma das coisas mais valiosas que você pode ter em seu arsenal é um registro de desenvolvimento bem-sucedido. Você pode usá-lo para reforçar uma abordagem de resolução de problemas e como um meio de recuperar-se dos contratempos.

- Procure rotas alternativas para o sucesso quando uma abordagem particular não estiver funcionando para você.

- Reafirme seus objetivos, foque em suas prioridades e reconheça que geralmente há algo a ser aprendido até mesmo com as piores experiências.

Você consegue!